Pamela Reif
YOU DESERVE THIS

Snack-Kochbuch

PAMELA REIF

YOU DESERVE THIS
Einfache & natürliche Rezepte für einen gesunden Lebensstil

Snack-Kochbuch

Community EDITIONS

VORWORT

Hallihallo, mein Name ist Pamela! Ich bin 25 Jahre alt und wohne seit meiner Geburt in Karlsruhe. Ich bin zwar noch recht jung, habe dafür aber schon ziemlich viel gemacht. Mein erstes Kochbuch »You Deserve This« mit dem Thema »Bowls« war zwei Jahre in Folge auf der SPIEGEL-Bestsellerliste für Ratgeber in der Kategorie Essen & Trinken! Doch viel schöner finde ich das persönliche Feedback, das ich von meiner Community bekommen habe. Neue Lieblingsrezepte, ein neues Wohlbefinden im eigenen Körper, purzelnde Pfunde, komplette Ernährungsumstellungen oder Kinder, denen man Gemüse plötzlich schmackhaft machen konnte. Das ist wohl das Schönste, was ich erreichen durfte.

Mein Hauptberuf findet auf Social Media statt. Dort bin ich tatsächlich ein alter Hase! Schon seit neun Jahren teile ich Eindrücke aus meinem Leben, die Leidenschaft zu Sport und Ernährung, entwerfe Sport- und Modekollektionen, setze mich für Nachhaltigkeit ein und motiviere meine Community, diszipliniert an ihren Wünschen zu arbeiten. Letzteres mag etwas weit gegriffen sein, denn ich halte bestimmt keine Motivationsreden. Doch wer mir folgt, weiß, dass ich jeden Tag arbeite, dass Erfolg nicht von ungefähr kommt und man nur mit Durchhaltevermögen und etlichen Überstunden viel erreichen kann. Meine Mama sagt, dass ich diese Eigenschaften schon als Baby hatte. Zack, zack habe ich ihre ganze Brust auf einmal leergetrunken und ein paar Jahre später wollte ich bereits vor meiner Einschulung lesen können. So gehört sich das doch, oder?

In den vergangenen zwei Jahren hat sich bei mir dann so richtig viel getan. Kostenlose Workout-Videos zum Mitmachen, wöchentlich neue Trainingspläne und einfache, gesunde Rezepte – das ist der Fokus meiner Kanäle. So kann ich meinen Followern und Followerinnen einen wirklichen Mehrwert bieten, ihnen Struktur für diese teils schwierigen Themen schenken und zu gewünschten Erfolgen verhelfen. Social Media ist inzwischen mehr als das Teilen meines eigenen Lebens. Meine Community umfasst inzwischen über 15 Millionen Menschen. Unglaublich! Im Vorwort meines vorigen Kochbuchs waren es noch ein Drittel davon.

Zusätzlich habe ich inzwischen die *Pam App* und mein Food-Unternehmen *Naturally Pam* gegründet. Angefangen mit Proteinriegeln, die nicht nach klassischen Proteinriegeln schmecken, knusprigen Nuss-Snacks und luftig-leichtem Granola. Mein Motto ist: 100 % natürliche Zutaten, demnach keine Zugabe von Geschmacksverstärker & Co., umweltfreundliche Verpackungen und außergewöhnliche Produkte, die eine gesunde Ernährung spannender machen.

Die Zeit ist reif für ein zweites Kochbuch. Ein weiteres Mal habe ich mich für dieses Monsterprojekt entschieden und bin unfassbar aufgeregt, wenn ich an all die leckeren Rezepte denke, die ich dieses Mal vorbereitet habe. »We deserve this« – lass es dir so richtig schmecken!

INHALT

10 *Snacks – Darum liebe ich sie!*
11 *Wichtiges zu diesem Buch*
12 *Einleitung*

14 LEBENSMITTELWISSEN

17 MEINE ERNÄHRUNGSREGELN
18 ZUCKER
26 GETREIDE & PSEUDOGETREIDE
32 NÜSSE, SAMEN & KERNE
38 FETTE & ÖLE
41 SUPERFOODS

SNACK-TIPPS

43 › *Meal-Prep*
44 › *Snacks – längst nicht nur für zwischendurch*
45 › *Die Dosis macht's – Snack vs. Hauptmahlzeit*
46 › *Tipps rund um die Snack-Zubereitung*
48 › *Küchenequipment*
49 › *Aufbewahrung*

EINKAUFSTIPPS

50 › *Einfach vegan – Austauschtabelle für eine vegane Zubereitung*
51 › *Bio-Kennzeichen*
52 › *Nachhaltigkeit*
54 › *Basiszutaten*

56 ENERGY BALLS

- 58 Good to know
- 61 Schoko-Balls mit Nussmus-Füllung
- 63 Brownie Balls Himbeer Kokos – wie ein Dessert
- 65 Weiße Kokos-Balls – im Kokosnuss-Himmel
- 67 Cookie Dough Bites mit Schokolade
- 69 Banana Bread Balls – vom Kuchen inspiriert
- 71 Karottenkuchen-Balls – vom Kuchen inspiriert
- 73 Pinke Himbeer-Balls – weich & saftig
- 75 Frühstücks-Bites – kein normaler Dattelball
- 77 Crunchy Açaí Balls – voller Antioxidanzien
- 79 Gebackene Müslikugeln mit Apfelmark

80 FRUCHTIGES

- 83 Erdbeer-Fruchtleder – nur 2 Zutaten
- 85 Eiscreme-Bites – Schoko, Himbeere, Mango
- 87 Geschmolzene Eiscreme mit Erdbeeren
- 89 Frozen Yoghurt Bites – Limette-Basilikum
- 91 Wassermelonen-Pizza – Sommer pur
- 93 Zimtäpfel mit Joghurt – voller natürlicher Süße
- 95 Bunte Fruchtspieße – Obst to go
- 97 Gebratene Banane mit Mandeln & Joghurt

98 RIEGEL

- 101 Mini Mandelriegel – nur 5 Zutaten
- 103 3-Zutaten-Riegel – süße Erdnuss
- 105 5-Zutaten Haferriegel mit Topping deiner Wahl
- 107 Saftige Haferriegel mit Himbeeren
- 109 Orangen-Aprikosen-Riegel – ein Hauch von Weihnachten
- 111 Einfache Proteinriegel – Schoko-Kokos
- 113 Erdnuss-Proteinriegel ohne Proteinpulver
- 115 Kaffee-Proteinriegel mit Orange, mal anders
- 117 Doppeldecker Haferriegel mit Schoko-Bananen-Füllung
- 119 Schoko-Erdnuss-Riegel – gesünder als das Original
- 121 Schoko-Puffreis-Riegel mit Erdnussmus

122 SÜSSES

125 *Himbeer-Schoko-Cups – 3 Schichten*
127 *Frischkäse-Bomben – außen knackig, innen weich*
129 *Trüffelpralinen aus dunkler Schokolade*
131 *Peanut Butter Cups – nur 2 Zutaten*
133 *Süße Zimtnüsse aus dem Ofen*
135 *Crêpe mit Schoko-Bananen-Füllung*
137 *Gefüllte Datteln – süßer 5-Minuten-Snack*
139 *Mein wohl bester Schoko-Bananen-Aufstrich*
141 *Kalorienarmes Apfel-Nussmus*
143 *Falsche Karamellcreme in nur 12 Minuten*

144 HERZHAFTES

147 *Bunte Gemüse-Muffins – ideal zur Resteverwertung*
149 *Karotten-Muffins – ohne Eier & trotzdem saftig*
151 *Wannabe Nuggets mit Ketchup*
155 *Herzhafte Nussriegel – es muss nicht immer süß sein*
157 *Crunchy Kichererbsen – extra knusprig*
159 *Kartoffelchips – kalorienarm & kinderleicht*
161 *Gemüsechips aus dem Ofen*
163 *Sellerie-Erdnuss-Sticks – »Ants on a log«*
165 *Kräuternüsse – im Ofen gebacken*
167 *Pistazien-Cracker mit Sesam*
169 *Saaten-Cracker – Low Carb*
171 *Hafer-Knäckebrot mit Oliven*
173 *Einfache Rosmarin-Cracker*
175 *Scottish Oatcakes – nur mit Haferflocken*
177 *Sonnenblumen-Oatcakes – mein Favorit*
179 *Tomaten-Aufstrich – schmeckt nach mediterranem Urlaub*
181 *Frischkäse-Aufstrich – mit Oliven, superschnell gemacht*
183 *Karotten-Aufstrich mit Erdnussmus*

184 MUFFINS, KEKSE & KUCHEN

186 *Good to know*
189 *Haferkekse – Apfel-Zimt*
191 *Chocolate Chip Cookies – Mamas Rezept*

195	*Mein bester Schoko-Cookie*
197	*Himbeer-Cookies – nur 4 Zutaten, weniger süß & gesünder*
199	*Kokos-Hafer-Makronen – nicht nur an Weihnachten*
201	*Bananen-Creme-Cookies mit Schokoüberzug*
203	*Erdnuss-Cookies mit Fake-Karamell*
205	*Schoko-Tassenkuchen – perfektes Dessert für eine Person*
207	*Saftig weiche Himbeer-Bananen-Brownies*
209	*Schoko-Kirsch-Muffins – inspiriert von Mama*
213	*Heidelbeer-Muffins – mit Cashews, ganz ohne Mehl*
215	*Süßkartoffel-Muffins – ohne Mehl*
217	*Schoko-Feigen-Muffins – nur mit der Süße von Früchten*
218	*Lila Creme-Kuchen mit Heidelbeeren oder Açaí*
220	ZUTATEN-REGISTER
224	ÜBER PAMELA REIF

ABKÜRZUNGSVERZEICHNIS

mg	Milligramm
g	Gramm
kg	Kilogramm
ml	Milliliter
l	Liter
TL	Teelöffel
EL	Esslöffel
kcal	Eine Kilokalorie entspricht der Energie, die benötigt wird, um die Temperatur von 1 Liter Wasser auf 1°C zu erhitzen. Sie wird angegeben, um eine Idee davon zu bekommen, wie viel Energie das Lebensmittel oder Gericht uns liefert. Jeder Mensch benötigt eine individuelle Menge an täglicher Energie. Frauen haben üblicherweise einen Kalorienbedarf von 1600–2000 kcal und Männer von 2000–2500 kcal.

SNACKS

Darum liebe ich sie!

- ideal für zwischendurch

- einfache Rezepte, kurze Zubereitungszeiten

- perfekt zum Vorbereiten

- die beste Lösung bei Heißhunger!

- toll, um sie mit deinen Liebsten zu teilen

- günstiger als gekaufte Snacks

- Selbst gemacht mit Liebe schmeckt alles besser!

- vielseitig einsetzbar: als On-the-Go-Frühstück, zum Nachtisch, für den kleinen Hunger zwischendurch, als Geschenk …

- Viele Zutaten können variiert werden. Heidel- statt Himbeeren, Mandel- statt Erdnussmus und so weiter. Die meisten Zutaten kann man auf Vorrat lagern.

- Leckeres Essen macht zufrieden! Weniger Stress-Essen, mehr positive Auszeiten

Wichtiges zu diesem Buch

Ich empfehle die Nutzung einer *grammgenauen Küchenwaage*, weil bei einigen Rezepten die genaue Menge einen großen Unterschied für das Ergebnis macht. Vor allem beim Backen kann es richtig in die Hose gehen – ich spreche aus Erfahrung!

Damit man direkt im Blick hat, wie lange man mit einem Rezept beschäftigt sein wird, gebe ich für jedes die *Zubereitungszeit* an. Diese umfasst die Vorbereitungs-, Ruhe-, Back- und Kochzeit. Es kann also sein, dass du z. B. nur 10 Min. Hand anlegen musst und die restlichen 40 Min. für das Abkühlen im Kühlschrank vorgesehen sind.

Bei der *Zubereitung im Ofen* verwende ich, wenn nicht anders angegeben, Umluft.

Ich benutze häufig einen *Food Processor*. Damit sind die Küchenmaschinen gemeint, mit denen man Lebensmittel zerhackt (mehr dazu auf Seite 48).

Alle Produktempfehlungen in diesem Buch basieren auf meiner *persönlichen Meinung* und wurden nicht durch Sponsoring beeinflusst oder unterstützt.

Vegetarisch: Alle Rezepte, in denen weder Fleisch noch Fisch verwendet werden, tragen dieses Symbol.

Vegan: Wer auf tierische Produkte wie Fisch, Fleisch, Milch oder Eier verzichtet, achtet auf dieses Symbol. Bei Rezepten mit **DUNKLER SCHOKOLADE** oder **NUSSMUS** solltest du die Zutatenliste des gekauften Produkts überprüfen. Manchmal versteckt sich Milchpulver oder es können Spuren von Milchpulver enthalten sein. Übrigens: Wenn ein Rezept eine Alternative zu **HONIG** angibt, habe ich das Rezept als vegan deklariert. Honig kann durch Agavendicksaft, Ahorn- oder Dattelsirup ersetzt werden.

Glutenfrei: Wer Zöliakie bzw. eine Glutenunverträglichkeit hat oder glutensensitiv ist, sollte auf dieses Symbol achten. Die meisten meiner Rezepte sind jedoch glutenfrei. Aufgepasst bei **HAFERFLOCKEN**! Die sind zwar von Natur aus glutenfrei, können jedoch durch Produktionsprozesse Gluten enthalten. Hier gehst du auf Nummer sicher, wenn du beim Kauf auf den Zusatz »glutenfreie Haferflocken« achtest.

Ohne Nüsse: Nüsse eignen sich hervorragend zur Herstellung von Snacks. Wenn du allerdings eine Nussallergie hast, könntest du sie durch Sonnenblumen- oder Kürbiskerne ersetzen. Diese sind für Nussallergiker meistens unbedenklich. Ganz wichtig ist es auch, dass du den Text zu den Inhaltsstoffen deiner Produkte liest – wie du weißt, können viele Lebensmittel, wie beispielsweise Schokolade, Spuren von Nüssen enthalten.

EINLEITUNG

»You Deserve This« ... aber was eigentlich?

....

Unser Körper trägt uns durchs Leben und verdient eine gesunde Ernährung. Wenn es unserem Körper gut geht, dann geht es auch uns gut. Daher der Titel meiner Kochbuchreihe: »You Deserve This«.

Heißhunger? Gerade unterwegs und nichts Gesundes in Reichweite? Im Stress und keine Zeit selbst zu kochen? Oder der Klassiker: nach dem Abendessen immer Gelüste auf etwas Süßes? In all diesen Situationen greifen wir zu Snacks.

Hauptmahlzeiten sind toll und der Mittelpunkt einer gesunden Ernährung. Doch Snacks sind für mich einfach viel zu lecker, um sie nicht zu essen. Mit meinen gesunden Snacks bin ich gegen Heißhunger gewappnet, meine innere Naschkatze ist beruhigt und mein Körper auch zwischendurch immer gut mit Vitaminen, Mineralien und Vitalstoffen versorgt. Außerdem verlangen Hauptspeisen mit Gemüse, Sättigungsbeilage & Co. etwas mehr Zeit und Wertschätzung des Tellerinhalts. Das bekomme ich im Alltag ehrlich gesagt nicht immer hin, wobei ich die Snacks umso mehr schätze, weil man sie ganz schnell und unkompliziert genießen kann.
Meine Favoriten sind Nussriegel, Cracker und meine eigenen Proteinriegel. Um Abwechslung in meinen Speiseplan zu bringen, habe ich begonnen, meine eigenen Snacks zuzubereiten. Und siehe da: Es macht Spaß, geht schnell und die Snacks sind superlecker! Man kann sie in entspannten Momenten vorbereiten, aufbewahren und in stressigen Situationen dabeihaben. So ist auch die gesunde Ernährung außerhalb meiner eigenen vier Wände ein Klacks.

GEKAUFTE SNACKS

Chips, Schokoriegel und Gummibärchen – leider die Standardprodukte in Supermärkten, Tankstellen & Co.; in Plastik verpackte »leere Kalorien«. Ein Blick auf die Verpackung verrät: Süßstoffe, Feuchthaltemittel und Emulgatoren. Was war das noch mal? Und warum sind sie in diesem Riegel überhaupt drin? Da waren doch nur Nüsse abgebildet ... Dass man damit voller Power durch den Tag schreiten kann, wage ich zu bezweifeln. Es sind nicht nur Kalorien, die unser Körper braucht – es sind auch Vitalstoffe. Glücklicherweise gibt es auch tolle Produkte im Angebot, die man bedenkenlos kaufen kann. Wer die Zutatenliste liest, ist immer im Vorteil! Doch auch dann weiß man meist nicht, welche Qualität die Rohstoffe hatten und wie lange dieser Snack schon abgepackt im Regal liegt.

Möchtest du denn stets anderen Menschen, Großkonzernen und Maschinen die Verantwortung überlassen, wie es dir und deiner Gesundheit geht? Leider wissen sie es nicht immer besser. Das große Plus am Kochen ist, dass du selbst bestimmst, welche Zutaten von welcher Qualität du verwenden willst. Man übernimmt selbst Verantwortung. In meinem ersten Kochbuch habe ich bereits geschrieben: »Ich bin gerne der Kapitän meines eigenen Schiffs.« Du hast deins, ich habe meins. Ich kann dir zeigen, wo es langgeht, aber steuern musst du selbst.

WANN GEHT ES MIR GUT, WANN SCHLECHT?

Besonders seit ich intensiv Sport treibe und einen sehr strammen Alltag habe, hat sich die Sensibilität für meinen Körper gesteigert. Ich habe mir theoretisches Wissen angeeignet und immer stärker darauf geachtet, WIE ich mich fühle. Wann fühle ich mich besonders gut und wann schlechter? Schlappheit, Kopfschmerzen, Konzentrationsprobleme und aufgequollener Bauch sind ab und zu okay, aber müssen nicht zum Alltag gehören. Wenn ich gut schlafen kann, regelmäßig gegessen und als Kirsche auf der Torte Sport getrieben habe, dann läuft auch das mit der Arbeit ganz von allein. Ich bin leistungsfähig und fokussiert, ohne mich dazu zwingen zu müssen. Ohne jeden Punkt auf der To-do-Liste als »Stressfaktor« zu spüren. An diesen Tagen signalisiert mir mein Körper genau das: Es geht mir gut. Und das kann man auf Dauer auch von außen sehen! Die Haut strahlt, Haare und Nägel sind kräftig und die Verdauung flutscht. Der Körper arbeitet immer von innen nach außen: Wenn es innen viele Baustellen gibt, ist es erst mal unwichtig, ob die Haut schön aussieht.

ABER WARUM ÜBERHAUPT SNACKS?

Den Fokus lege ich grundsätzlich auf Hauptmahlzeiten. Snacks sollten deshalb auf Dauer keine Hauptspeisen ersetzen – das sollten wir an dieser Stelle noch mal festhalten. Aber wenn es während eines vollen Tages einfach keinen Platz für ein Mittagessen gibt, liefert ein Snack zwischendurch die Energie, die ich brauche. Manchmal ist eine Mahlzeit leicht, die Anstrengungen des Tages aber unerwartet hoch. Auch hier hilft mir ein Snack dabei, die Energie zu halten und den Körper lecker mit zusätzlichen Vitaminen und Mineralstoffen zu versorgen. Auch vor oder nach dem Sport kann ein Snack absolut sinnvoll sein. Man kann die positiven Effekte durch eine bestimmte Nährstoffzufuhr für seinen sportlichen Vorteil nutzen. Snacks sind in der Regel leicht zu verdauen, liegen nicht schwer im Magen und können den Körper schnell mit Energie versorgen. Genau das brauche ich für meine Sporteinheit. Zwischen all den Kniebeugen würde sich mein Körper auf keinen Fall auf die Verdauung einer Salat-Bowl fokussieren wollen.

Lass dich also von mir inspirieren und hab ganz viel Spaß beim Essen! Und überspring den Wissensteil nicht: Als Kapitän oder Kapitänin deines Schiffs musst du auch verstehen, warum und wohin du lenkst.

Einleitung ♦ 13 ♦

Lebensmittel-wissen

1

Eine gesunde Ernährung spielt in meinem Leben eine ebenso wichtige Rolle wie Sport. Ich will genau wissen, was in meinem Essen steckt und achte darauf, meinen Körper mit allen notwendigen Nährstoffen zu versorgen. Denn eine bewusste Ernährung hat nicht nur positive Auswirkungen auf das Aussehen: Gutes Essen beeinflusst unter anderem auch unsere Stimmung, Konzentrations- und Leistungsfähigkeit. Das gilt auch für Snacks!

Leider sind viele gekaufte Snacks sehr stark verarbeitet, enthalten eine Menge »leere« Kalorien und Zucker. Im folgenden Kapitel möchte ich dir deshalb meine Tipps zur Zubereitung gesunder Naschereien an die Hand geben. Du findest hier nicht nur einen Überblick meiner persönlichen Ernährungsregeln, sondern auch jede Menge Basiswissen zu allen Zutaten, die häufig bei der Snack-Zubereitung verwendet werden. Außerdem widme ich mich dem Thema Nachhaltigkeit und zeige dir, wie du Schritt für Schritt kleine, aber wirkungsvolle Veränderungen in deinen Alltag integrieren kannst.

Meine Rezepte …
....

› sind so zuckerarm wie möglich.

› enthalten in der Regel weniger Kalorien als vergleichbare Rezepte. So spare ich z. B. beim Backen am Öl.

› sind so einfach wie möglich und lassen sich schnell zubereiten.

› lassen sich abwandeln und wecken deine Kreativität.

› enthalten natürliche Zutaten und versorgen dich mit möglichst vielen Nährstoffen.

› passen zu einem fitten Lebensstil und bringen Energie für dein Training.

› enthalten keinen Industriezucker oder stark raffiniertes Weißmehl.

› lassen sich gut portionieren.

› sind günstiger und frischer als gekaufte Snacks.

› sind besser für deinen Blutzuckerspiegel als Süßigkeiten.

MEINE ERNÄHRUNGSREGELN

1 **BIOLOGISCH:** Keine Gentechnik, keine Pestizide und möglichst großes Tierwohl – an biologisch produzierten Lebensmitteln führt für mich kein Weg vorbei. Die wichtigsten Siegel findest du auf Seite 51.

2 **FAIR:** Ich unterstütze Fair-Trade-Produkte, wo immer es geht. Das Fair-Trade-Siegel kennzeichnet Waren, die aus fairem Handel kommen. Dort werden nachweislich bestimmte Kriterien, wie sicherere Arbeitsbedingungen und stabilere Preise für einen besseren Lebensstandard, eingehalten.

3 **UNVERARBEITET:** Ich kaufe alles so natürlich wie möglich – ohne Konservierungsstoffe, ohne Geschmacksverstärker. So kann ich am besten steuern, was in meinem Essen und in meinem Körper landet.

4 **ABWECHSLUNGSREICH:** Ich esse so abwechslungsreich wie möglich und probiere gerne Neues aus. Je abwechslungsreicher wir essen, desto vielfältiger sind die Inhaltsstoffe, die wir unserem Körper geben.

5 **ALLES NUR IN MASSEN:** Auch wenn die Zutaten für die Snacks in diesem Kochbuch meinen Ernährungsregeln entsprechen, so enthalten die meisten von ihnen natürlichen Zucker, wie z. B. Trockenfrüchte, Honig & Co. Wenn du zu viel davon isst, ist das auch nicht mehr gesund. Deshalb sind es ja Snacks und keine Hauptmahlzeiten!

6 **HÖR AUF DEIN BAUCHGEFÜHL!** Ob Gluten oder Laktose – dein Bauch und dein körperliches Wohlbefinden verraten dir sehr genau, was gut für dich ist. Zutaten und Gerichte, die deiner Freundin oder deinem Freund guttun, müssen nicht automatisch auch für dich gut sein. Mit Übung und Achtsamkeit erkennst du immer besser, was du gut verträgst.

7 **KURZE ANFAHRTSWEGE:** Bei langen Transportwegen verlieren Lebensmittel tatsächlich viele Nährstoffe! Im Supermarkt steht auf den Schildern immer das Ursprungsland – je weiter weg, desto weniger regional.

8 **SAISONAL:** Ich achte darauf, überwiegend Obst- und Gemüsesorten zu essen, die gerade Saison haben. Wenn du im Bio-Markt einkaufst, richtet sich die Auswahl meist ganz automatisch danach.

9 **UNVERPACKT:** Immer häufiger kann man unverpackte Lebensmittel kaufen – vor allem in Bio-Supermärkten oder auf dem Wochenmarkt. So fällt nicht nur weniger Müll an, es landen auch keine Weichmacher im Essen.

Lebensmittelwissen ♦ 17 ♦

ZUCKER

Die Sache mit dem Zucker …

Generell würde ich sagen: je zuckerärmer eine Ernährung, desto besser. In der Realität mag ich Süßes aber sehr gerne und möchte nur ungern auf diese Leckereien verzichten. Daher lautet mein Prinzip: klassische, vollkommen überzuckerte Süßigkeiten mit einfachen Zuckern und »leeren« Kalorien durch selbst gemachte, gesündere Alternativen ersetzen.

Der Zuckerkonsum hat mittlerweile gesundheitsschädliche Ausmaße angenommen. In der EU liegt der Zuckerverbrauch pro Kopf bei 37,6 kg pro Jahr. Die Empfehlung der WHO ist in diesem Zusammenhang eindeutig: Die Menge an »freiem Zucker« – also Zucker in Form von Süßungsmitteln oder Zucker, der sowieso in Nahrungsmitteln vorkommt, z. B. in Honig – sollte bei Erwachsenen maximal 50 g pro Tag betragen. Empfohlen wird sogar die Hälfte, also 25 g. Um das einordnen zu können: 25 g freier Zucker findet sich z. B. in 200 ml industriell hergestellter Limonade. Das entspricht einem kleinen Glas. Nicht nur Softdrinks enthalten große Mengen an Zucker, auch in vielen Fertigprodukten, wie etwa in Ketchup, sind erschreckende Mengen an Zucker enthalten. Wer diese Art von Lebensmitteln auf dem Speiseplan hat, nimmt garantiert viel mehr Zucker auf, als es für den Körper gut wäre.

Wenn wir zu viel Zucker essen, steigt unser Blutzuckerspiegel sehr schnell an und anschließend genauso schnell wieder ab: Wir bekommen Heißhunger. Generell lässt sich sagen: Je komplexer Zucker verpackt ist – z. B. in Form von Ballaststoffen –, desto länger braucht der Körper, um Zucker aufzuspalten, und desto besser wird ein schneller Anstieg – und später ein rapider Abfall des Blutzuckerspiegels – verhindert.

Das ist mit ein Grund, weshalb ich auf Ballaststoffe und unverarbeitete Lebensmittel setze. Sie helfen dabei, den Blutzuckerspiegel stabil zu halten. Zudem liefern Obst und Gemüse viele Vitamine, Mineralien und Spurenelemente, die der Körper für die Verstoffwechselung von Zucker benötigt. Beim Haushaltszucker ist es genau andersherum: Haushaltszucker ist ein echter Vitaminräuber! Er benötigt für seinen Abbau Vitamine von unserem Körper, liefert uns selbst aber überhaupt keine.

FACHBEGRIFFE RUND UM ZUCKER

Glucose, Fructose, Saccharose und Laktose – wenn es um Zucker geht, tauchen viele Fachbegriffe auf. Ich finde es immer wichtig, unsere Ernährung zu verstehen, und möchte dir deshalb die wichtigsten Begriffe kurz vorstellen. Allerdings ist die Verstoffwechselung von Zucker ein sehr komplexes System, an dem viele verschiedene Organe beteiligt sind.

GLUCOSE & FRUCTOSE: Traubenzucker (Glucose) und Fruchtzucker (Fructose) sind die bekanntesten Einfachzucker (Monosaccharide). Einfachzucker gelangen besonders leicht ins Blut, lassen also den Blutzuckerspiegel sehr schnell ansteigen.

SACCHAROSE & LAKTOSE: Kristallzucker (Saccharose) und Milchzucker (Laktose) gehören zu den Zweifachzuckern (Disaccharide). Ebenso wie die Einfachzucker gelangen auch diese leicht ins Blut und lassen den Blutzuckerspiegel schnell ansteigen.

POLYSACCHARIDE: Diese Mehrfachzucker werden aus vielen Einfachzuckern zusammengesetzt und bilden eine lange Molekülkette. Aus vielen Zuckerketten wiederum kann sich ein Netz bilden, wie z. B. Stärke. Um ins Blut zu gelangen, müssen Polysaccharide erst einmal im Darm in Einfachzucker aufgespalten werden. Dieser Prozess nimmt einige Zeit in Anspruch und deswegen lassen Mehrfachzucker den Blutzuckerspiegel nicht so schnell ansteigen.

BLUTZUCKERSPIEGEL: Wenn unser Blutzuckerspiegel schnell ansteigt, schüttet der Körper große Mengen Insulin aus, damit der Zucker in die Zellen transportiert werden kann. Dadurch fällt der Blutzuckerspiegel anschließend auch wieder steil ab – die Folgen sind häufig ein flaues Gefühl im Bauch und Heißhungerattacken. Das Ziel sollte sein, den Blutzucker keine Achterbahn fahren zu lassen.

10 MÖGLICHE FOLGEN EINES ZU HOHEN ZUCKERKONSUMS

....

1. GESTÖRTE DARMFLORA: Bestimmte Pilze und Bakterien werden von Zucker stark begünstigt und vermehren sich. Anderen dagegen wird die Lebensgrundlage entzogen. Die Folge: Die Darmflora kommt aus dem Gleichgewicht. Die offensichtlichsten Folgen davon sind Blähungen, Krämpfe, Nahrungsmittelunverträglichkeiten und eine gestörte Verdauung.

2. DIABETES TYP 2: Diese Stoffwechselkrankheit zeichnet sich durch eine verminderte Wirkung von Insulin auf die Körperzellen aus. Während diese Unempfindlichkeit des Körpers früher eine klassische Alterserscheinung war und Diabetes Typ 2 deshalb auch als »Altersdiabetes« bezeichnet wurde, werden die Patientinnen und Patienten mittlerweile immer jünger. Selbst Kinder leiden schon an dieser ernst zu nehmenden Krankheit, die auch viele Folgeerkrankungen mit sich bringen kann. Schuld sind nicht nur erbliche Faktoren oder Bewegungsmangel, sondern vor allem ein zu hoher Zuckerkonsum, eine gestörte Insulinproduktion – und eine dadurch entstandene Insulinresistenz.

3. KARIES & PARODONTOSE: Selbst wenn die Mundhygiene eingehalten wird, zerstört eine überhöhte Zuckeraufnahme die Mundflora. Bakterien, die Karies und Parodontose verursachen können, werden begünstigt. Gerade der Konsum zuckerhaltiger Getränke zwischendurch sorgt dafür, dass das Gleichgewicht im Mundraum aus den Fugen gerät.

4. SCHWÄCHUNG DES IMMUNSYSTEMS: Darm und Immunsystem hängen eng miteinander zusammen. Ist die Darmflora gestört, ist auch unser Immunsystem geschwächt. Zudem kann ein hoher Zuckerkonsum die Aufnahmefähigkeit verschiedener Vitamine und Mineralien im Körper behindern, daher kann es zu Mangelerscheinungen kommen, die sich negativ auf unser Immunsystem auswirken.

5. ERHÖHTE GEFAHR VON HAUTKRANKHEITEN: Zu viel Zucker begünstigt Entzündungsprozesse im Körper. Das bringt nicht nur die Blutwerte durcheinander, sondern auch die Haut. Akne oder schwerwiegende Hautkrankheiten können Folgen sein.

6. VITAMIN-B-MANGEL: Um Zucker in Energie umwandeln zu können, werden verschiedene Vitamine der B-Gruppe benötigt. Vitamin B ist ein lebenswichtiges Vitamin, das über die Nahrung zugeführt werden muss. Bei Mangel drohen ernste gesundheitliche Probleme. Erste Anzeichen sind Müdigkeit, Antriebsschwäche, Haarausfall und Magen-Darm-Beschwerden.

7. GESTÖRTER SÄURE-BASEN-HAUSHALT: Zu viel Zucker führt zu einer Übersäuerung des Körpers. Diese kann vielerlei Folgen haben, z. B. Müdigkeit, Gereiztheit, aber auch Bindegewebsschwäche oder Gelenkbeschwerden.

8. ÜBERGEWICHT: Dieser Zusammenhang ist offensichtlich. Durch zu viel Zucker wird zu schnell zu viel Energie aufgenommen – und da diese Energie zufällig nicht für einen Halbmarathon am Nachmittag gebraucht wird, wird sie in Fett umgewandelt und vom Körper gespeichert.

9. ORGANSCHÄDEN: Leber und Bauchspeicheldrüse sind sehr wichtig für eine geregelte Verdauung. Letztere produziert das Hormon Insulin und ist durch einen zu hohen Zuckerkonsum im Dauereinsatz. Auch die Leber wird stark beansprucht. Wenn Organe ständig stark beansprucht werden, führt das über kurz oder lang zu Schädigungen.

10. ZUCKERSUCHT: Ja, Süßes kann richtig süchtig machen. Die Abhängigkeit äußert sich z. B. in Gereiztheit, Kopfschmerzen und Verspannungen. Die Symptome hören erst auf, wenn dem Körper Zucker zugeführt wird. Eine Sucht, welche auch immer es sein mag, ist bedrohlich und sollte auf jeden Fall vermieden werden.

MEIN FAZIT

Welche Schlüsse ziehe ich daraus? Ich achte insgesamt darauf, dass ich nicht zu viel Zucker konsumiere. Wenn ich Süßes esse, dann sollte es mit möglichst natürlichen Alternativen gesüßt sein. Doch auch hier gilt: immer in Maßen! Ein interessanter Nebeneffekt: Mir sind viele Produkte – auch wenn sie nur natürlichen Zucker enthalten – viel zu süß! Sie schmecken mir einfach nicht, weil ich eine hohe Zuckermenge nicht mehr gewöhnt bin. Nach einiger Zeit sinkt automatisch das Verlangen danach. Das bedeutet: Je weniger Zucker du isst, desto weniger wirst du ihn haben wollen.

① *Reissirup*

… hat einen dezenten Geschmack und etwas weniger Süßkraft als Haushaltszucker und Agavendicksaft. Das liegt am geringen Fructosegehalt – ein Pluspunkt für die Gesundheit! Man muss nur aufpassen, dass man dann nicht doppelt so viel verwendet und den Pluspunkt wieder verliert. Tatsächlich enthält Reissirup so wenig Fructose, dass er selbst für Menschen mit Fructoseintoleranz geeignet ist.

② *Dattelsirup*

… wirkt sich positiv auf die Verdauung aus, ist reich an Ballaststoffen und enthält antioxidativ wirksame Pflanzenstoffe. Durch seinen hohen Fructosegehalt liefert er schnelle Energie, ist jedoch für Menschen mit einer Fructoseunverträglichkeit nicht geeignet.

③ *Trockenobst*

Die natürlichste Form von Süße kommt direkt aus Früchten. Durch die Trocknung wird dem Obst Wasser entzogen und damit einhergehend die Süßkraft intensiviert. Besonders beliebt sind Datteln. Sie bieten eine karamellig-fruchtige Süße und lassen sich zu einer cremigen Paste verarbeiten. Aber auch andere Trockenfrüchte wie Rosinen, Aprikosen und Pflaumen bringen fruchtige Süße in Kekse und Riegel. Trockenobst liefert nicht nur Zucker, sondern auch Ballaststoffe, Spurenelemente, Mineralien und Vitamine. Deshalb verwende ich sie besonders gerne. Trockenfrüchte sind damit auch gesünder als Haushaltszucker, sollten aber trotzdem nur in Maßen verzehrt werden.

④ *Kokosblütenzucker*

… ist ein Palmzucker, der in diesem Fall aus dem Blütennektar der Kokospalme gewonnen wird. Kokosblütenzucker hat eine hellbraune Färbung und ein karamelliges Aroma. Er besteht hauptsächlich aus Saccharose. Dieser Palmzucker lässt den Blutzuckerspiegel nicht so schnell ansteigen und liefert im Gegensatz zu Haushaltszucker Vitamine der Gruppe B und Vitamin C, Mineralien wie Kalium und Zink und Spurenelemente wie Phosphor. Zwar nicht in riesigen Mengen, aber es ist ein netter Nebeneffekt!

⑤ HONIG

… kann je nach Sorte geschmacklich unterschiedlich ausfallen. Honig besteht aus Fructose und Glucose, liefert aber im Gegensatz zum Haushaltszucker antibakteriell wirkende Enzyme. Vor allem Manuka-Honig, der aus Australien und Neuseeland kommt, werden erstaunliche Wirkungen nachgesagt. Damit diese positive Eigenschaft erhalten bleibt, sollte Honig nicht erhitzt werden. Ich verwende Honig sehr gerne.

⑥ AHORNSIRUP

… wird aus dem eingekochten Saft des Ahornbaums gewonnen und ist reich an Mineralstoffen. Er besteht vorwiegend aus Saccharose und enthält wenig Fructose und Glucose. Durch seinen sehr intensiven Geschmack – es gibt Intensitätsgrade A–C bei uns im Handel – lässt er sich zwar nicht überall einsetzen, aber bekommt von mir eine klare Empfehlung.

7 VOLLROHRZUCKER

… wird aus dem eingekochten Saft der Zuckerrohrstangen gewonnen. Im Gegensatz zum weißen Rohrzucker wird er anschließend jedoch nicht weiter raffiniert, sodass mehr Mineralien und Vitamine erhalten bleiben. Er ist hellbraun und von einer krümeligen, leicht klebrigen Konsistenz. Zwar lässt Vollrohrzucker den Blutzuckerspiegel schnell ansteigen, in Maßen genossen ist er aber auf jeden Fall empfehlenswerter als der weiße Haushaltszucker oder einfacher brauner Zucker.

8 AGAVENDICKSAFT

… wird aus dem Stamm der Agavenpflanze, die in Mexiko sowie Süd- und Mittelamerika beheimatet ist, hergestellt. Unbedingt auf Bio-Qualität achten, denn ansonsten können die Produkte mit Pestiziden belastet sein. Heller Agavendicksaft ist flüssiger als Honig und hat eine sehr intensive Süße. Zwar lässt Agavendicksaft den Blutzuckerspiegel nicht so schnell ansteigen, was ja ein Pluspunkt ist, allerdings besteht er überwiegend aus Fructose, was die Leber besonders stark belastet. Deshalb benutze ich keinen Agavendicksaft.

GETREIDE & PSEUDOGETREIDE

Getreide und Pseudogetreide sind seit Jahrtausenden ein Grundnahrungsmittel der Menschheit. Ohne sie gäbe es kein Müsli oder Brot, keine Nudeln und keinen Porridge. Sie sind wichtige Energie- und Nährstofflieferanten, ohne die die Weltbevölkerung nicht ernährt werden könnte. Neben Kohlenhydraten enthalten die Vollkorn-Getreideerzeugnisse, die ich in meinen Rezepten verwende, auch viele Ballaststoffe, Vitamine und Mineralien.

TYPENZAHL

Falls du dich fragst, was es mit den Zahlen auf Mehlverpackungen auf sich hat: Die Typenzahl gibt den Mineralstoffgehalt pro 100 g Mehl an. Dinkelmehl Type 630 enthält also 630 mg Mineralstoffe, ein Dinkelmehl Type 1050 dementsprechend 1050 mg. Je höher also die Typenzahl ist, desto mineralstoffreicher ist das Produkt. Am höchsten liegt der Mineralstoffanteil bei Vollkornmehl, hier ist auch der Ballaststoffanteil am höchsten. Im Gegensatz zu den Mehlen mit Ausmahlungsgraden hat Vollkornmehl aber keine Typenzahl, sondern heißt z. B. Dinkelvollkornmehl. Vollkornmehl ist durchgemahlen, d. h. es befinden sich neben dem Mehlkörper auch der Keim und die Schale des Korns im Mehl, wodurch wichtige Nährstoffe wie Eisen, Magnesium, Vitamin B_1 und Ballaststoffe erhalten bleiben. Seit wir uns zu Hause eine Getreidemühle angeschafft haben, mahlen wir unser Mehl immer frisch aus ganzen Körnern. Viele Bio-Supermärkte stellen Getreidemühlen zur Verfügung, die man vor Ort nutzen kann. So ist das Mehl frischer und enthält mehr wertvolle Nährstoffe. Das funktioniert ansonsten auch ganz gut mit einem Hochleistungsmixer!

GETREIDE VS. PSEUDOGETREIDE

Bei Getreide handelt es sich botanisch gesehen um Süßgräser. Dazu zählen Mais, Weizen, Reis, Roggen, Gerste, Hafer, Hirse und alle Weizen-Ursprungsformen bzw. -unterarten wie Dinkel, Einkorn, Emmer und Kohrasan. Manche Sorten sind glutenhaltig, besitzen also Klebereiweiß (z. B. Weizen, Roggen, Gerste und Dinkel), andere Sorten sind glutenfrei (z. B. Mais, Reis und Hirse).
Pseudogetreide sind Pflanzen, die zwar nicht zu den Süßgräsern zählen, aber ähnlich wie Getreide verwendet werden können. Dazu zählen z. B. Quinoa, Amaranth und Buchweizen. Pseudogetreide ist immer glutenfrei. Es ist ebenso wie Getreide reich an Kohlenhydraten, Mineralstoffen und Vitaminen.

GLUTEN

Gluten ist ein Eiweißkomplex, der dafür sorgt, dass Mehl zusammen mit Wasser einen elastischen Brei bildet. Das ist vor allem bei der Teigherstellung wichtig. Gleichzeitig leiden immer mehr Menschen unter einer Glutenüberempfindlichkeit (Glutensensitivität) und im schlimmsten Fall sogar unter Zöliakie – einer ernsten Unverträglichkeit, bei der Gluten zu Entzündungsprozessen im Darm führt. Ich habe zwar keine Unverträglichkeit, esse aber »unbeabsichtigt« sehr wenig Gluten im Alltag. In meinen Rezepten verwende ich demnach auch wenig glutenhaltiges Getreide. Ab und zu wirst du Dinkelmehl finden, aber das ist auch schon alles. Eine Auswahl an glutenfreien Mehlsorten findest du auf Seite 187.

WEIZENMEHL VS. DINKELMEHL

Dinkel nimmt im Vergleich zu Weizen weniger Schadstoffe aus der Umgebung auf und liegt auch beim Nährstoffgehalt vorne. Zwar enthält Dinkel auch Gluten, sogar ein bisschen mehr als Weizen, allerdings ist es anders zusammengesetzt und für viele Menschen verträglicher als das Weizengluten. Auch ich fühle mich mit Dinkelmehl besser, verwende es aber eher in Maßen.

1. Amaranth

… wurde schon von Azteken, Inka und Maya geschätzt und ist sehr reich an Mineralien und Vitaminen. Gibt es gepufft, als ganze Körner oder gemahlen zu kaufen. Gepuffte Körner schmecken grandios im Müsli! Nach dem Kochen ähnelt er Quinoa, nur in kleineren Körnern und mit intensiverem, würzigem Geschmack.

2. Buchweizen

… ist auch ein Pseudogetreide und trotz des Namens nicht mit Weizen verwandt. Er liefert alle acht essenziellen Aminosäuren. Mit 100 g Buchweizen deckt man schon die Hälfte des täglichen Magnesiumbedarfs. Man kann die rohen Buchweizenkörner in Snacks und Müsli verwenden, die gekochten Körner als Beilage oder »Risotto« und Buchweizenmehl zum Backen. Da das Mehl schlecht aufgeht, eignet es sich am besten für flaches Backwerk wie Cookies oder Crêpes.

Quinoa
....

… kommt ursprünglich aus den Anden und ist neben Ballaststoffen und Mineralien mit rund 14 g Eiweiß pro 100 g ziemlich reich an Proteinen. Außerdem enthält Quinoa alle essenziellen Aminosäuren, ist somit eine »komplette« Proteinquelle und für eine pflanzenbasierte Ernährung sehr zu empfehlen. Ebenso wie Hirse enthält Quinoa Saponin, das zwar für den Darm und den Cholesterinspiegel sehr gut ist, aber einen bitteren Geschmack hat. Deshalb würde ich Quinoa vor der Zubereitung gründlich im Sieb durchspülen.

④ HAFER

… ist ein äußerst gesundes, energiereiches Nahrungsmittel. Obwohl es verschiedene Arten von Haferflocken gibt, entstehen alle aus dem vollen Korn. Für kernige Haferflocken werden die Körner nach der Ernte direkt in ihre typische Form gewalzt. Bei den zarten Flocken werden die Körner vor dem Walzen erst zu Hafergrütze verarbeitet. Instant Oats bzw. Schmelzflocken gehen noch einen Schritt weiter, sie werden aus Hafermehl gewalzt. Ich mag Hafer unglaublich gerne und verwende ihn nahezu täglich für Porridge, Müsli, Energy Balls, Kekse & Co.

⑤ HIRSE

… ist ein glutenfreies Getreide. Ganze Körner bleiben al dente und sind ideal als Beilage oder Risotto aka »Hirsotto«. Meine Mama macht auch gerne Hirseflocken in ihren Porridge, diese sind besonders zart und weniger schleimig. Ein kleiner Nachteil: Sie werden schnell ranzig. Bewahre Hirseflocken deshalb am besten luftdicht verpackt im Kühlschrank auf. Hirse ist leicht verdaulich, liefert eher weniger Ballaststoffe, ist dafür jedoch reich an Eisen.

⑥ DINKEL

⑦ REIS

… ist leicht nussig im Geschmack und besser verträglich als Weizen. In der Vollkornvariante enthält er viele Ballaststoffe, Mineralien wie Phosphor, Kalium und Magnesium sowie Vitamine wie E und B_6. Phosphor ist ein wichtiger Baustein für Zähne und Knochen. Dinkelmehl eignet sich toll zum Backen von Brot, Kuchen und Muffins.

… ist ein weit verbreitetes Grundnahrungsmittel. Das glutenfreie Getreide gibt es in etlichen Sorten: Basmati, Jasmin, Wildreis, Milchreis und viele mehr. Ich verwende am liebsten den ungeschälten Naturreis, da er nährstoffreicher ist. Reis gibt es natürlich auch in unterschiedlichen Verarbeitungsformen wie z. B. in Form von Reisdrink, als Mehl oder auch gepufft.

NÜSSE, SAMEN & KERNE

Ob Nüsse, Samen oder Kerne: Immer handelt es sich um echte Nährstoffbomben und um Samen, die die Kraft in sich tragen, eine neue Pflanze zu entwickeln. Zu den »echten Nüssen« zählen botanisch z. B. Walnüsse, Haselnüsse und Macadamianüsse. Die Erdnuss zählt zu den Hülsenfrüchten und Mandeln, Cashewkerne und Paranüsse zählen zu den Samen. Die Kokosnuss ist botanisch gesehen ebenfalls keine Nuss, sondern eine Steinfrucht ... Du siehst: Es ist kompliziert. Da es hier aber ums Kochen und eine gesunde Ernährung geht und wir nicht im Biologieunterricht sind, orientieren wir uns an den Gemeinsamkeiten, die für unsere Ernährung wichtig sind.

Obwohl Nüsse, Samen und Kerne eine sehr hohe Energiedichte haben und mit ihren 500–700 kcal pro 100 g jede Dattel in den Schatten stellen, sind sie dennoch aus meinem Speiseplan nicht wegzudenken und auch in einigen meiner Rezepte zu finden. Hauptsächlich kommen die Kalorien durch gesunde Fette zustande. Nüsse – gemahlen, als Mus, ganz natürlich oder geröstet mit Aromen – machen lange satt, lassen sich hervorragend transportieren und sind einfach ein Genuss für meine Geschmacksknospen. Allerdings gilt auch hier meine Empfehlung: Alles in Maßen – schließlich entwickelt überdosiert auch das beste Nahrungsmittel negative Eigenschaften. Bei Nüssen ist es neben der hohen Energiedichte, die im Übermaß natürlich einen Kalorienüberschuss bedeutet, auch die eigentlich gesunde Phytinsäure. In Maßen konsumiert reguliert sie den Blutzuckerspiegel, ist gut für den Darm und ein wirksames Antioxidans. Zu viel Phytinsäure behindert den Körper allerdings bei der Aufnahme wichtiger Mineralien wie Magnesium, Kalzium, Eisen und Zink.

INHALTSSTOFFE & LAGERUNG

Allen Nüssen, Samen und Kernen ist gemein, dass sie eine gute Zusammensetzung von einfach und mehrfach ungesättigten Fettsäuren in sich tragen. Jede Art hat ihre Vorteile: Mandeln sind reich an Vitamin B, Erdnüsse an Proteinen und Macadamias gelten als die »Königin der Nüsse«. Allerdings sind alle Nüsse reicher an entzündungsfördernden Omega-6- als an entzündungshemmenden Omega-3-Fettsäuren. Das empfohlene Verhältnis von Omega-6 zu Omega-3 liegt bei maximal 5:1. Mandeln sind mit ungefähr 2000:1 sehr weit davon entfernt, Walnüsse liegen mit 6:1 schon besser. Als wertvolle Omega-3-Lieferanten sollte man sie also nicht sehen. Je nach Sorte beträgt der Fettgehalt zwischen 42 und 73 %. Das ist auch der Grund, weshalb Nüsse ranzig werden können. Ob sie noch gut sind, entscheidest du über den Geschmack. Nüsse, die nicht mehr schmecken, sollten auf jeden Fall entsorgt werden.

ALLERGIEN

Immer mehr Menschen leiden unter Lebensmittelunverträglichkeiten und Allergien. Gerade Haselnüsse, Walnüsse oder teils sogar Mandeln werden von vielen Menschen nicht mehr vertragen. Es ist allerdings sehr selten der Fall, dass eine Allergie gegen alle Nusssorten besteht. Bei einer Nussunverträglichkeit können Sonnenblumen- und Kürbiskerne, Leinsamen, Sesamsamen, Kokosflocken und Pinienkerne eine gute Alternative sein.

KOKOSNUSS

Streng genommen ist die Kokosnuss, ebenso wie die Avocado, eine fettreiche Frucht. Im Gegensatz zu Fettsäuren tierischen Ursprungs, die durch die enthaltene Arachidonsäure Entzündungsprozesse im Körper befeuern können, enthält das Fett der Kokosnuss relativ viel Laurinsäure. Diese Fettsäure ist eine natürliche Abwehr gegen Viren, Pilze und Bakterien und in der Lage, diese Krankheitserreger effektiv zu reduzieren. Kokosöl ist ein prima Allrounder, den ich gerne zum Backen und Braten verwende. Ich kann es auch zum Ölziehen (*Oil Pulling*), als Massageöl oder Haarkur empfehlen.

1 *Cashewkerne*

… schmecken neutral und haben eine verhältnismäßig weiche Konsistenz. Deshalb kann man sie gut zu glatten Pasten für Saucen, vegane Torten & Co. verarbeiten. Sie enthalten sehr viel Magnesium, das für unsere Knochen und Muskeln benötigt wird.

2 *Haselnüsse*

… wecken in Kombination mit Kakao schnell schokoladige Erinnerungen. Schoko-Aufstriche und Schoko-Balls bereite ich deshalb gerne mit Haselnüssen zu. Sie liefern viele Ballaststoffe, Vitamin E, B-Vitamine und Folsäure, die wichtig für die Blutbildung ist.

3 *Walnüsse*

… schmecken frisch am mildesten. Je älter sie werden, desto mehr neigen sie dazu, bitter oder ranzig zu schmecken. Sie haben mit 6:1 das beste Omega-6- zu Omega-3-Fettsäurenverhältnis bei den Nüssen und wirken deshalb entzündungshemmend.

4 *Kürbiskerne*

… liefern über 20 g Eiweiß auf 100 g sowie Zink, das für ein gesundes Immunsystem wichtig ist und zugleich entzündungshemmend wirkt. Die grünen Kerne schmecken herzhaft und sind geschmacklich etwas »auffälliger« als Sonnenblumenkerne.

5 *Mandeln*

… gibt es blanchiert, ungeschält und als Bittermandeln, die allerdings nur in ganz geringen Mengen verzehrt werden dürfen. Sie liefern viel Magnesium und Vitamin E, das unsere Zellen schützt. Sie sind sehr reich an Omega-6-Fettsäuren, weshalb man bei hohem Konsum auf einen Omega-3-Ausgleich achten sollte. Das teilentölte Mandelmehl verwende ich dank seines hohen Proteingehaltes gerne für Snacks.

(6) LEINSAMEN

… unterstützen durch ihre Ballast- und Schleimstoffe eine gute Verdauung, machen lange satt und enthalten wertvolle Omega-3-Fettsäuren. Veganer benutzen sie gerne gequollen als Ei-Ersatz. Sie sind außerdem eine heimische Alternative zu Chiasamen!

(7) CHIASAMEN

… sind in Bezug auf ihre Inhaltsstoffe Leinsamen recht ähnlich. Die kleinen Körner liefern ebenfalls viele Ballaststoffe und besonders viele wertvolle Omega-3-Fettsäuren. Sie quellen entweder bei der Zubereitung oder spätestens im Verdauungstrakt auf und machen dadurch lange satt.

(8) HANFSAMEN

… liefern über 30 g Protein auf 100 g, enthalten alle essenziellen Aminosäuren und werden von mir deshalb gerne in Protein-Snacks verwendet. Sie schmecken dabei wunderbar nussig-würzig. Ich greife am liebsten zu geschälten Hanfsamen.

(9) SONNENBLUMENKERNE

… liefern mehr als 20 g Protein auf 100 g, viel Folsäure, Selen, Vitamin E und B. Sie sind eine super Alternative für viele Nussallergiker und können 1:1 ersetzt werden. Ebenso wie Leinsamen, Kürbiskerne, Hasel- und Walnüsse haben sie kurze Transportwege. Sie sind also nicht nur gesund, sondern hinterlassen auch einen geringeren »CO_2-Fußabdruck«, wenn du auf den Anbauort achtest.

(10) SESAMSAMEN

… passen sowohl zu süßen als auch zu herzhaften Gerichten. Ich benutze sie gerne für Cracker oder als Sesammus (Tahini). Sie haben einen intensiven Eigengeschmack, wirken entzündungshemmend und liefern wichtige Mineralien, Spurenelemente und gesunde Fette.

Lebensmittelwissen

FETTE & ÖLE

Fette und Öle stehen unter dem Generalverdacht, dick zu machen und ungesund zu sein. Aber man muss ganz klar festhalten: Das stimmt so nicht. Mit 9,6 kcal auf 1 g liefert Fett von allen Nährstoffen tatsächlich die meiste Energie, weswegen fettreiche Lebensmittel schnell Kalorienbomben sein können. Lange Zeit wurde deshalb eine möglichst fettarme Ernährung empfohlen. Mittlerweile sieht man das anders, denn Fette und Öle können auch sehr gute und gesunde Eigenschaften haben. Je nach Fett- und Ölsorte gibt es aber große Unterschiede, dazu später mehr. Am Ende kommt es – wie so oft im Leben – auf Details und auf die Mengen an, ob etwas toxisch, tolerierbar, gesund oder sogar lebensnotwendig ist.

FETT IST NICHT GLEICH FETT

Am wichtigsten ist die Qualität und die Art des Nahrungsmittels, denn Fett ist nicht gleich Fett. Wichtig sind in diesem Zusammenhang lebensnotwendige Fettsäuren, die über die Nahrung aufgenommen werden müssen, weil sie unser Körper nicht selbst herstellen kann. Lebensnotwendige Fettsäuren werden auch »essenziell« genannt – das heißt, niemand von uns könnte überleben, wenn wir sie nicht über die Nahrung aufnehmen würden. Komplett auf Fett verzichten zu wollen, ist somit absolut falsch und gefährlich.

DIE LEBENSWICHTIGEN FETTSÄUREN

Die essenziellen Fettsäuren sind die sogenannten mehrfach ungesättigten Fettsäuren, die in Omega-3- und Omega-6-Fettsäuren aufgeteilt werden. Besonders wichtig bei den Omega-3-Fettsäuren ist die Alpha-Linolensäure (ALA), bei den Omega-6-Fettsäuren ist es die Linolsäure (LA). Gerade, wenn man auf eine gesunde Ernährung achtet und tendenziell eher wenig Fett zu sich nimmt, ist es umso wichtiger, dann auch zu den richtigen Fetten zu greifen.

GESUNDHEITSSCHÄDLICHE TRANSFETTSÄUREN

Transfettsäuren stehen im Verdacht, das Risiko für Herz-Kreislauf-Krankheiten und andere Leiden zu erhöhen und finden sich vor allem in Fast-Food-Produkten, Frittiertem wie z. B. Pommes und in vielen süßen Backwaren. Die Wissenschaft ist sich einig: Bei Transfettsäuren sollte es verbindliche Grenzwerte geben. Die gibt es in der Lebensmittelindustrie jedoch nicht, weswegen wir beim Einkauf und Konsum besonders aufpassen müssen. Transfette entstehen auf zwei Arten: entweder, wenn ursprünglich gesunde Pflanzenöle industriell gehärtet werden und dabei aus flüssigem Öl ein streichbares Fett gemacht wird, oder, wenn Öl zu stark erhitzt (Rauchbildung) oder mehrfach erhitzt wird – z. B. in einer Fritteuse.

AUFBEWAHRUNG & HALTBARKEIT

Native Öle sind nicht so lange haltbar wie raffinierte. Am empfindlichsten ist Leinöl. Öl in einer angebrochenen Flasche kann bereits nach ein bis zwei Monaten ranzig werden. Ein natives Oliven- oder Rapsöl hält deutlich länger, bis zu ein bis zwei Jahre. Um zu beurteilen, ob das Öl noch in Ordnung ist, vertraust du am besten deinem Geruchs- und Geschmackssinn. Und keine Angst, »ranzig« ist deutlich wahrnehmbar! Wenn du deine Öle vor Licht, Wärme und Sauerstoff schützt, halten sie am längsten. Eine dunkle, kühle Speisekammer oder dein Kühlschrank eignen sich super. Manche Öle flocken im Kühlschrank aus und werden trüb, was sich bei Zimmertemperatur aber wieder auflöst. Also einfach rechtzeitig aus dem Kühlschrank holen!

DIE DREI FETTSÄUREARTEN IM VERGLEICH

GESÄTTIGTE FETTSÄUREN

Gesättigte Fettsäuren müssen nicht über die Nahrung zugeführt werden, da unser Körper sie selbst herstellen kann. Sie finden sich meist in tierischen Lebensmitteln wie Butter, Wurst und Käse, aber auch in Süßigkeiten und in den Pflanzenfetten wie Kokos- und Palmöl.

EINFACH UNGESÄTTIGTE FETTSÄUREN

Die einfach ungesättigten Fettsäuren wirken sich positiv auf den Cholesterinspiegel aus. Sehr gute Quellen sind Oliven- und Rapsöl.

MEHRFACH UNGESÄTTIGTE FETTSÄUREN

Die mehrfach ungesättigten Fettsäuren gelten als besonders gesund, da sie sich positiv auf unser Herz-Kreislauf-System auswirken können. Besonders wichtig sind die Omega-6- und die Omega-3-Fettsäuren, von denen zwei essenziell sind (wir erinnern uns: lebensnotwendig). Bei diesen beiden handelt es sich um die links erwähnte Alpha-Linolensäure (ALA) und die Linolsäure (LA).

Idealerweise sollten Omega-6- und Omega-3-Fettsäuren in einem Verhältnis von 5:1 verzehrt werden. Unser Speiseplan enthält in der Regel aber viel zu viele Omega-6-Fettsäuren. Die Omega-3-Fettsäuren kommen dagegen eher zu kurz. Die besten Quellen für Alpha-Linolensäure sind bestimmte Pflanzenöle wie Lein-, Raps- und Walnussöl.

① OLIVENÖL

… gibt es in unzähligen Sorten: Die Farbe changiert von goldgelb bis grün, manche Sorten schmecken äußerst mild, andere sind richtig scharf. Als Faustregel gilt: Je fruchtiger und schärfer das Olivenöl schmeckt und je trüber es in kaltgepresster Form ist, desto gesünder ist es. Native Olivenöle werden am besten kalt oder zum Dünsten oder Braten bei nur milder Hitze verwendet. Das Öl bleibt bis zu 160 Grad stabil. Für heißere Garmethoden – bei Temperaturen bis 230 Grad – sollte dann raffiniertes Olivenöl verwendet werden. Dieses allerdings schmeckt fast neutral und enthält, wie alle raffinierten Öle, kaum mehr Vitamine und keine sekundären Pflanzenstoffe.

② KOKOSÖL

Wird das Kokosnussfleisch zerkleinert, gepresst und filtriert, entsteht natives Kokosöl. Im Kühlschrank ist es fest, bei Raumtemperatur eher weich und ab 24 Grad wird es flüssig. Das Besondere am Kokosöl ist der hohe Anteil an gesättigten Fettsäuren von mehr als 85 % – dadurch kann es bis auf 200 Grad erhitzt werden.

③ SONNENBLUMENÖL

… hat eine ungünstige Fettsäurebilanz, da es überwiegend aus Omega-6-Fettsäuren besteht. Natives Sonnenblumenöl hält Temperaturen bis 107 Grad, raffiniertes Öl bis 250 Grad stand. In der Lebensmittelindustrie wird es oft verwendet, ich persönlich vermeide es aber so gut es geht.

④ RAPSÖL

… ist reich an Vitamin E und Karotinoiden und mit einem Verhältnis von 2:1 von Omega-6- zu Omega-3-Fettsäuren ideal. Unraffiniert lässt es sich bis 107 Grad, raffiniert bis maximal 230 Grad erhitzen.

SUPERFOODS

Unter dem Begriff »Superfoods« werden die unterschiedlichsten pflanzlichen Nahrungsmittel zusammengefasst. Alle haben jedoch eine Gemeinsamkeit: Sie sind äußerst gesund und liefern einen außergewöhnlich hohen Anteil an Vitaminen, Mineralien, Spurenelementen und Antioxidanzien. Viele Superfoods kommen aus weit entfernten Ländern, doch es gibt auch heimische Superfoods, die sich sehen lassen können: Ob Leinsamen, Walnüsse, Grünkohl, Brokkoli, Rotkohl, Spinat, Löwenzahn, Sprossen, viele Kräuter, Heidelbeeren, schwarze Johannisbeeren, Sanddorn oder Hafer – du wirst in meinen Rezepten immer wieder auf heimische Superfoods stoßen. Andere Regionen der Welt liefern uns Kraftpakete wie Spirulina- oder Chlorella-Algen, Matcha, Goji- und Açaí-Beeren, Chia- und Hanfsamen, Kakao, Ingwer oder Kurkuma.

Ich greife am häufigsten zu Datteln, Kakao, Ingwer, Açaí und anderen Beeren, Leinsamen, Hanf- sowie zu Chiasamen.

1 DATTELN

… wirst du bei meinen Snacks in der Zutatenliste häufig finden. Datteln liefern eine köstliche Süße, Ballaststoffe, wertvolle Vitamine und Mineralien. Es gibt sie fast ausschließlich in getrockneter Form und sie sind lange haltbar. Damit sie nicht austrocknen, solltest du sie luftdicht aufbewahren. Ich mag die großen Medjool-Datteln am liebsten.

2 KURKUMA

… verleiht in getrockneter und gemahlener Form nicht nur Currypulver seine typische Farbe, sie gilt auch in der ayurvedischen Medizin und in der traditionellen chinesischen Medizin als Heilpflanze. Seit ein paar Jahren gibt es auch bei uns die kleinen frischen Wurzeln zu kaufen. Kurkuma ist ein wirkungsvolles Antioxidans, das die Zellen schützt. Außerdem sind ihre Bitterstoffe gut für die Verdauung und sie unterstützt unser Immunsystem.

Lebensmittelwissen

③ INGWER

… genießt ebenso wie Kurkuma in der ayurvedischen und in der Traditionellen Chinesischen Medizin (TCM) einen sehr guten Ruf. Auch hierzulande wird mittlerweile seine wohltuende Wirkung auf unser Immunsystem anerkannt. Ein starker Ingwertee bei Erkältung oder Halsschmerzen – das kennen wir doch alle! Die kleine Wurzel, die genau genommen ein Rhizom ist, kurbelt unseren Stoffwechsel und die Verdauung an. Ingwer kann sogar Muskelschmerzen nach einem anstrengenden Training reduzieren.

④ KAKAONIBS

… sind zerkleinerte getrocknete Kakaobohnen. Anders als Schokolade sind sie aber nicht weiterverarbeitet, sondern bestehen zu 100 % aus dem Naturprodukt. Sie haben das volle Kakao-Aroma, weshalb ich sie gerne in Gebäck oder in Bowls einsetze und auch einfach mal zwischendurch knabbere. Sie enthalten ungewöhnlich viel Kalzium und auch jede Menge Magnesium.

⑤ AÇAÍ

Açaí-Beeren wachsen auf den Kohlpalmen in Brasilien. Das Besondere an ihnen ist der unglaublich hohe Anteil an Antioxidanzien. Sie können freie Radikale, die in unserem Körper bei Alterungsprozessen eine Rolle spielen, unschädlich machen. Die Beeren liefern außerdem die Vitamine B, D und E. Da die Beere sehr empfindlich ist und zu 90 % aus dem Kern besteht, wird sie direkt zu Saft, Pulver oder tiefgefrorenem Püree verarbeitet. Letzteres ist die frischeste Variante mit den meisten Vitaminen. Die Beeren verleihen Bowls, Smoothies, Eis oder Energy Balls eine wunderschöne lila Farbe.

MEAL PREP

Aufbewahrung & Transport von Snacks

Beim Thema gesunde Ernährung lesen wir immer wieder, dass wir ausgewogen essen sollten. Viele wissen jedoch nicht, was mit »ausgewogen« gemeint ist. Isst man ausschließlich seine drei, vier Lieblingsgerichte, dann ist das eine einseitige Ernährungsweise. Je abwechslungsreicher bzw. ausgewogener wir essen, desto vielfältiger sind die Vitamine, Mineralien, Spurenelemente & Co., die wir aufnehmen. Bei Snacks gilt das ganz genauso.

Meal Prep ist ideal, um deine Ernährung gesund und effektiv zu gestalten. Darunter versteht man nichts anderes als das Vorbereiten und Vorkochen von Essen. Klug geplant kannst du deine Ernährung nicht nur so abwechslungsreich wie möglich gestalten, sondern auch Einkäufe bündeln und Küchenzeiten effektiver nutzen. Während etwas kocht, kannst du beispielsweise schon mal Nüsse mahlen oder Gemüse putzen.

Insgesamt sparst du damit Zeit – und auch Geld. Denn durch die Planung und Vorbereitung deiner Mahlzeiten werden deine Lebensmittel auch tatsächlich verwendet und landen nicht irgendwann verdorben im Müll. Und das wiederum ist gut für die Umwelt. Um Lebensmittel herzustellen, braucht es nämlich ganz schön viel Wasser, Energie und Arbeitskraft. Ich finde es wichtig, dass man sich dessen bewusst ist. Die Lebensmittelproduktion kostet Ressourcen – und diese sind definitiv zu wertvoll, um sie wegzuschmeißen.

Sicher fragst du dich, wie lange im Voraus die Snacks dieses Buches zubereitet werden können (mehr zum Thema Haltbarkeit auf den folgenden Seiten).

Damit du deine Snacks gut transportieren kannst, empfehle ich dir hochwertige Edelstahlboxen. Sie sind in der Anschaffung zwar höherpreisig und verbrauchen in der Herstellung viel Energie – aber sie halten quasi ein Leben lang. Hochgerechnet auf die Nutzungsdauer sind sie deshalb günstig und umweltschonend. Zwei weitere Pluspunkte: Edelstahlboxen sind lebensmittelecht und geben keine gesundheitsgefährdenden Stoffe an dein Essen ab. Außerdem sind sie bruchsicher.

SNACKS

längst nicht nur für zwischendurch

Bei einem Snack denkt man zuerst an eine Kleinigkeit zwischendurch – doch Snacks lassen sich noch bei anderen Gelegenheiten genießen:

ALS DESSERT:

Eigentlich satt, aber nach der Hauptmahlzeit noch Lust auf etwas Süßes? Wenn ich jedes Mal ein zuckriges Dessert essen würde, wären meine Bauchmuskeln wahrscheinlich unter ganz viel Fett versteckt. Bei Süßspeisen wird häufig in die Industriezuckerfalle getappt, doch keine Sorge: Mit Rezepten wie dem *Schoko-Tassenkuchen*, den *Frischkäse-Bomben* oder *Cookie Dough Bites* stellst du dich auch auf die gesunde Art zufrieden!

ALS STARTER:

Einige der Snacks sind perfekte Vorspeisen. Kleine Knabbereien wie z. B. meine *Crunchy Kichererbsen* oder die *Rosmarin-Cracker* sind ideal, um den ersten Hunger zu stillen oder deine Gäste willkommen zu heißen.

FÜR GARTENPARTYS UND PICKNICK:

Viele der Snacks sind perfekt für ein Buffet oder Picknick geeignet. Ob *bunte Gemüse-Muffins, leckere Aufstriche und Dips* zusammen mit *selbst gebackenem Knäckebrot* oder mit *Oatcakes* – indem du die Zutatenmengen vervielfältigst, kannst du alle Rezepte auf eine größere Portionenanzahl anpassen.

ZUM BRUNCH:

Ein bisschen Hunger, aber noch nicht bereit für eine Hauptmahlzeit? *Riegel, Energy Balls, Aufstriche* oder *herzhafte Muffins* sind ideal für den Moment zwischen Frühstück und Mittagessen.

ALS GESCHENK:

Ich kenne niemanden, der sich nicht über *selbst gemachte Trüffel* oder *Kekse* freut – ganz besonders dann, wenn du sie in einer hübsch gestalteten und wiederverwendbaren Verpackung überreichst.

DIE DOSIS MACHT'S

Snack vs. Hauptmahlzeit

Natürlich sind Snacks auch genau das, was man zuerst mit ihnen verbindet: ein kleiner Imbiss zwischen den Hauptmahlzeiten. Manchmal sind die Abstände zwischen Frühstück, Mittag- und Abendessen länger als sonst – oder eine Mahlzeit fällt komplett aus. So ist das Leben und man sollte immer gewappnet sein. Auch vor dem Training kann es von Vorteil sein, einen Snack zu sich zu nehmen. Man tankt noch mal Energie, ohne danach mit einer vollen Kugel auf der Sportmatte zu liegen. Klein und effektiv! Und nach dem Training kann man den Körper gleich wieder mit Nährstoffen versorgen, ohne lange am Herd zu stehen.
Bei mir gibt es jeden Tag passende Gelegenheiten für Snacks. Und genau deswegen gibt es dieses Buch!

Meine Rezepte zeigen, wie gesund, vielfältig und abwechslungsreich Snacks sein können. Doch mit der Menge, die du täglich zu dir nimmst, solltest du nicht übertreiben. Auch wenn ich Snacks ein komplettes Kochbuch gewidmet habe, lege ich den Fokus meiner Ernährung weiterhin auf Hauptmahlzeiten.

FOKUS AUF DIE HAUPTMAHLZEITEN

Das hat viele Gründe: So wird beispielsweise das Verdauungssystem entlastet und sie stellen eine kleine »Auszeit« vom Tagesprogramm dar. Außerdem sind Hauptmahlzeiten meist reicher an Protein. Snacks punkten dagegen eher in Sachen Kohlenhydrate und Fett. Fleisch, Hülsenfrüchte & Co. machen sich einfach nicht so gut in Riegeln und Balls. Um eine gesunde Balance aus Produkten der drei Nährstoffgruppen (Fett, Kohlenhydrate, Eiweiß) zu sich zu nehmen, sind Hauptmahlzeiten also unverzichtbar. Ich nehme mir gerne Zeit zum Essen und genieße es, meine Hauptmahlzeiten ganz bewusst und schön angerichtet zu mir zu nehmen. Doch ganz ehrlich: Das ist mein Idealfall – und das Leben kommt regelmäßig dazwischen.

Auf Reisen, an einem hektischen Morgen oder zwischen Terminen wird in der Realität dann doch eine Mahlzeit durch ein paar Snacks ersetzt. Damit fahre ich sehr gut und bin immer wieder froh, wenn ich in keine stressige Situation wie »Oh nein, wo bekomme ich jetzt schnell etwas Gesundes zu essen her?«, gelange. Und noch eine kleine Anmerkung zum Schluss: So lecker meine Snack-Rezepte auch sind, sie haben häufig eine höhere Energiedichte als Hauptmahlzeiten – Energy Balls heißen nicht umsonst so. Sie sind kleine Bälle voller Energie. Das kann man zu seinem Vorteil nutzen, aber man sollte nicht über die Stränge schlagen!

TIPPS

rund um die Snack-Zubereitung

....

Als ich das Backen und Zubereiten von Snacks neu für mich entdeckt habe, sind in meiner Küche einige Dinge nicht so gelaufen, wie ich mir das vorgestellt hatte ... Die Küche glich einem Schlachtfeld und es ging öfter mal etwas schief. Ich kann dich aber beruhigen: Solltest du noch nicht so viel Erfahrung haben, könnten dir die nachfolgenden Tipps helfen.

TROCKENFRÜCHTE: DATTELN, APRIKOSEN & CO.

‣ Trockenfrüchte können noch trockener werden! Sind sie hart geworden, weil sie zu lange offen standen oder bereits beim Kauf eine minderwertige Qualität hatten, weiche sie 10 Min. in warmem Wasser ein. Dieser Tipp kann vor allem bei den Energy-Ball-Rezepten hilfreich sein. Dort kommen oft Datteln zum Einsatz, die anfangs zwar schön weich sind, aber auch schnell austrocknen können.

‣ Hast du schon mal Medjool-Datteln probiert? Ihren Spitznamen »Königsdattel« tragen sie aus gutem Grund: Mit ihrem sehr fruchtigen, vollmundigen und leicht karamellartigen Geschmack ist sie meine liebste Dattelsorte. Sie lassen sich gut mixen und ergeben einen samtigen, gut formbaren Teig.

‣ Damit deine Trockenfrüchte nicht austrocknen, solltest du sie dunkel und luftdicht verschlossen lagern.

NÜSSE, KERNE & SAMEN

‣ Ganze Nüsse schmecken aromatischer als bereits gemahlene – kaufe dir daher am besten ganze Nüsse und mahle sie frisch vor der Verwendung selbst im Hochleistungsmixer.

‣ Wenn dein Nussmus hart geworden ist, kannst du entweder das ganze Glas unter Rühren vorsichtig im Wasserbad erwärmen oder du gibst die benötigte Menge an Nussmus in eine Tasse, gießt ganz wenig heißes Wasser hinzu und rührst, bis die Konsistenz wieder weich ist.

IST DAS NOCH FRISCH?

▸ **Eier:** Lege ein Ei in ein Glas mit kaltem Wasser. Liegt es im Glas waagerecht auf dem Grund, ist es frisch. Richtet sich das Ei auf, dann ist es rund 2 Wochen alt, aber immer noch unbedenklich genießbar. Steigt es an die Wasseroberfläche, ist es wahrscheinlich verdorben und sollte sicherheitshalber nicht mehr verzehrt werden.

▸ **Generell:** Verlasse dich auf deine Augen und deine Nase! Hat das Lebensmittel eine ungewöhnliche Farbe oder riecht unangenehm, ist es vermutlich verdorben.

KÜCHENHELFER: FOOD PROCESSOR

▸ In meiner Küche darf ein Food Processor nicht fehlen. Du kannst mit ihm zerkleinern, aufschlagen, pürieren und kneten – deswegen ist er für viele meiner Rezepte wirklich von Vorteil und erleichtert viele Prozesse. Alternativ kannst du auch einen guten Pürierstab oder einen (Stand-)Mixer verwenden. Allerdings brauchst du dann vermutlich etwas mehr Flüssigkeit, damit sich die Masse wirklich pürieren bzw. mixen lässt.

GEWÜRZE

▸ Gerade Gewürze sind häufig sehr stark mit Pestiziden belastet! Deswegen solltest du beim Kauf auf Gewürze in Bio-Qualität zurückgreifen.

KÜCHENEQUIPMENT

Wenn der Magen grummelt, möchte man möglichst schnell einen Snack haben. Damit ich nicht ewig in der Küche verbringen muss, hilft mir auch mein Küchenequipment. Mit dem passenden Zubehör gehen viele Dinge einfach besonders leicht von der Hand.

AUFLAUFFORM Für einige meiner Snacks benötigst du Formen, die in deinen Kühlschrank und in deine Gefriertruhe passen.

BACKMATTE Statt mit Backpapier kannst du das Backblech der Umwelt zuliebe auch mit einer Silikon-Backmatte auslegen. Oder du fettest das Backblech nur mit Kokosöl ein.

ELEKTRISCHES HANDRÜHRGERÄT Um Muffins & Co. fluffig zu bekommen, heben wir meistens steif geschlagenes Eiweiß unter den Teig.

FOOD PROCESSOR Ein Food Processor kann mahlen, hacken, rühren, zerkleinern, pürieren oder mischen. Du kannst auch einen (Stand-)Mixer verwenden, allerdings wirst du dabei mehr Geduld und Flüssigkeit benötigen und demnach ein weniger kompaktes Ergebnis bekommen.

KUCHENGITTER Für Snacks, die frisch aus dem Ofen kommen, lohnt sich die Anschaffung eines Kuchengitters. Darauf können sie rundherum abkühlen und kleben nicht auf dem Untergrund fest.

ELEKTRONISCHE KÜCHENWAAGE Gerade beim Backen ist Messgenauigkeit wichtig, damit der Teig funktioniert, die Energy Balls gleich groß und die Muffins fluffig werden.

MUFFINBLECH & SILIKONFORMEN Diese brauchen wir nicht nur für klassische Muffin-Rezepte, sondern auch für die Schoko-Cups oder Frozen Bites. Silikonförmchen lassen sich besser in der Tiefkühltruhe arrangieren, der Inhalt bleibt nicht kleben und sie können danach wiederverwendet werden. Ich benutze auch gerne Riegel- und Eiswürfelförmchen aus Silikon.

SILIKONLÖFFEL Ich benutze meine Kochlöffel aus Silikon täglich! Durch das Silikon sind sie sehr flexibel, holen alles aus Gläsern oder Schüsseln heraus und eignen sich super zum Rühren und Mischen von Teig.

AUFBEWAHRUNG

ZIMMERTEMPERATUR

Je trockener die Zutaten für die Snacks sind, z. B. Trockenfrüchte oder Nüsse, umso länger sind die Snacks haltbar. Snacks aus frischen Zutaten halten sich weniger lang – dabei spielt natürlich auch die Frische der Zutaten eine Rolle. Wenn die Früchte für ein Snack-Rezept beispielsweise schon eine Woche bei dir zu Hause liegen, solltest du den jeweiligen Snack viel schneller verzehren. Muffins oder Kekse können gut bei Zimmertemperatur gelagert werden. Alle anderen Leckereien fühlen sich möglichst dunkel und luftdicht verschlossen am wohlsten, z. B. in einer Dose oder in einem Schraubglas. Sie können so rund zwei bis drei Wochen bei Zimmertemperatur aufbewahrt werden. Dadurch werden Geschmack und Vitamine geschützt und die Snacks trocknen nicht aus.

KÜHLSCHRANK

Grundsätzlich gilt: Leicht Verderbliches gehört in den Kühlschrank. Du kannst dich dabei einfach an der Zutatenliste orientieren: Je feuchter die Zutaten, wie z. B. frische Früchte, umso leichter ist der Snack verderblich und hält demnach nur wenige Tage. Eine weitere einfache Faustregel: Verwendest du für ein Rezept gekühlte Zutaten wie z. B. Frischkäse, sollte das Endergebnis auch gekühlt werden.

TIEFKÜHLFACH

Dass Frozen Bites ins Tiefkühlfach gehören, versteht sich von selbst. Aber im Prinzip kannst du (fast) alle Snacks tiefkühlen, um sie für einen längeren Zeitraum aufzubewahren. In der Regel schmecken sie dann nicht mehr gaaaanz so perfekt wie am ersten Tag. Mich stört das aber gar nicht! Stelle tiefgekühlte Snacks am Vorabend zum Auftauen in den Kühlschrank. Knusprige Snacks kannst du am nächsten Tag noch einmal kurz aufbacken. Um kleine Mengen tiefzukühlen, kannst du Glaskonserven verwenden – größere Mengen bewahre ich in Edelstahl- oder Glasboxen auf. Wenn ich doch mal zu einem Gefrierbeutel greife, wasche ich ihn danach aus und verwende ihn wieder.

TRANSPORT

Für trockene Snacks wie Kekse, Riegel, Nüsse oder Chips finde ich Lunchboxen und Bienenwachsbeutel oder -tücher ideal. Diese Beutel oder Tücher sollten aus Bio-Baumwollstoff bestehen und mit Bio-Bienenwachs beschichtet sein. Sie können sehr oft wiederverwendet werden und sind damit eine nachhaltige Alternative zur Frischhaltefolie. Meine Lunchboxen sind aus Edelstahl oder Glas. Für Flüssigeres verwende ich Gläser mit dichtem Schraubverschluss oder Dichtungsringen.

EINFACH VEGAN

Austauschtabelle für eine vegane Zubereitung

Falls du dich gerne pflanzlich ernährst, kannst du beinahe alle Rezepte vegan abwandeln. Ich persönlich verwende schon lange keine Kuhmilch(-produkte) mehr, weswegen du diese Zutaten auch in den Gerichten nicht finden wirst. Das mit den Eiern ist natürlich so eine Sache beim Backen, aber mit ein paar Tricks bekommen wir das hin! Die Produkte dieser Tabelle kannst du normalerweise in jedem Supermarkt finden. Auch Bio-Supermärkte haben stets eine große Auswahl!

1 EI	**FÜR DIE BINDUNG:** ‣ 80 g Apfelmark ‣ 1/2 zerdrückte Banane ‣ Chia- oder Leinsamen-Gel: 1 EL Chia- oder Leinsamen mit 5 EL warmem Wasser anrühren und mind. 15 Min. quellen lassen ‣ 2 TL Ei-Ersatzpulver mit 40 ml Wasser anrühren **ZUM AUFLOCKERN:** ‣ 1/2–1 TL Backpulver ‣ 3 EL steif geschlagenes Kichererbsenwasser (Aquafaba)
MILCH	‣ Pflanzendrink auf Getreidebasis, z. B. Hafer- oder Reisdrink ‣ Pflanzendrink auf Nussbasis, z. B. Mandel- oder Cashewdrink
BUTTER	‣ je nach Verwendung Pflanzenöl wie z. B. Kokosöl
JOGHURT	‣ Joghurt auf Pflanzenbasis, z. B. Kokos- oder Haferjoghurt
HONIG	‣ Sirup auf Pflanzenbasis, z. B. Agavendicksaft, Ahorn- oder Kokosblütensirup
GELIERMITTEL	‣ Agar-Agar
SAHNE	‣ Sahne auf Pflanzenbasis, z. B. Hafer- oder Cashewkochcreme
VOLLMILCHSCHOKOLADE	‣ Schokolade mit einem Kakaoanteil von mind. 60 %

BIO-KENNZEICHEN

Mittlerweile gibt es ziemlich viele Lebensmittel-Kennzeichen, die biologisch produzierte und nachhaltige Produkte kennzeichnen. Je genauer ich darüber Bescheid weiß, desto mehr fühle ich mich in der Lage, beim Einkauf die richtigen Entscheidungen zu treffen.

 **DAS EU-BIO-LOGO UND DAS DEUTSCHE BIO-SIEGEL** Alle vorverpackten Bio-Lebensmittel, die innerhalb der EU produziert werden, müssen das EU-Bio-Logo tragen, zusätzlich kann freiwillig das deutsche Bio-Siegel verwendet werden. Die wichtigsten Mindeststandards sind:
‣ Bei verarbeiteten Produkten müssen grundsätzlich alle Zutaten landwirtschaftlichen Ursprungs aus ökologischem Landbau stammen.
‣ Die Lebensmittel sind frei von Gentechnik.
‣ Die Lebensmittel dürfen für eine längere Haltbarkeit nicht bestrahlt worden sein.
‣ Bei der Produktion dürfen keine synthetischen Geschmacksverstärker, Emulgatoren, Farbstoffe oder Stabilisatoren eingesetzt werden. Auch synthetische Pflanzenschutzmittel und leicht löslicher mineralischer Dünger werden ausgeschlossen.
‣ Bei Produkten tierischen Ursprungs bekommen die Tiere Futter aus biologischer Landwirtschaft, dem weder Antibiotika noch leistungssteigernde Hormone zugesetzt sind – mit Ausnahme von Behandlungen bei Krankheit. Bei der Tierhaltung müssen bestimmte Mindestgrößen für den Stall und für das Außengelände eingehalten werden.

DAS BIOLAND-LOGO steht für strengere Richtlinien als das EU-Bio-Logo. Die Bauernhöfe, die es nur in Deutschland und Südtirol gibt, müssen zu 100 % ökologisch wirtschaften. Eine Teilumstellung, wie beim EU-Bio-Logo, ist nicht möglich. Auch eine artgerechtere Tierhaltung wird durch mehr Platz im Stall und auf der Weide, 100 % Bio-Futter und ausgiebiger Kontakt zu Artgenossen sowie die zusätzliche Tierwohl-Kontrolle sichergestellt. Mit einer einzigartigen Richtlinie zur Biodiversität fördert Bioland darüber hinaus den Lebensraum von Wildtieren und Insekten.

 DAS DEMETER-LOGO Hinter dem Demeter-Logo verbirgt sich eine ganz eigene, Biologisch-dynamische Philosophie. Es stellt sehr hohe und strenge Ansprüche an die Landwirtschaft. Demeter wurde 1924 begründet, ist der älteste Bio-Verband Deutschlands und sieht jeden Hof als einen individuellen Organismus. Für nachhaltige Bodenfruchtbarkeit ist eigene Tierhaltung Voraussetzung. Außerdem kommt das 100 %-ige Bio-Futter zu mindestens 50 % vom eigenen Hof oder von einem kooperierenden Demeter-Betrieb. Das Enthornen von Rindern ist verboten und insgesamt wird den Tieren viel Platz für Auslauf geboten.

NACHHALTIGKEIT

....

Nachhaltiger leben – das klingt für viele wie eine große, komplexe Aufgabe, bei der es nur um Verzicht geht. Ich hoffe, ich kann auf diesen Seiten einige dieser Vorurteile und Ängste aus dem Weg räumen. Ich bin davon überzeugt, dass es grundsätzlich darum geht, sich über seinen Lebensstil und die Umwelt bewusst zu werden. Oft ist es doch so: Man weiß, was man gut macht und man weiß, was man in Bezug auf Nachhaltigkeit noch besser machen kann. Perfektionismus führt an dieser Stelle nur dazu, sich selbst oder gar andere Menschen zu verurteilen. Dabei ist jeder Schritt besser als gar keiner: Wenn wir alle nur einen kleinen Beitrag zur Nachhaltigkeit leisten, ist schon viel gewonnen.

Im Laufe der letzten Jahre ist Nachhaltigkeit für mich immer wichtiger geworden. Angefangen beim Thema Ernährung und Verpackungsmüll bis hin zu Bereichen wie Mode oder Kosmetik – Schritt für Schritt habe ich mein Leben mit voller Überzeugung angepasst. Gerade die Entwicklung meiner eigenen Food Brand *Naturally Pam* hat mir gezeigt, dass sich Spaß an gesunder Ernährung, natürliche Lebensmittel und nachhaltige Verpackungen überhaupt nicht ausschließen, im Gegenteil: Eigentlich greift hier ein Rädchen ins andere. Wenn wir uns gesund ernähren und leben wollen, funktioniert das langfristig nur in einer intakten Umwelt. Deswegen setze ich bei meinen Produkten auf kompostierbare oder recycelbare Verpackungen und nachwachsende Rohstoffe. Es wäre verantwortungslos, sich nur auf die Herstellung und den Konsum zu fokussieren und die Abfallwirtschaft außer Acht zu lassen.

6 TIPPS FÜR MEHR NACHHALTIGKEIT BEIM EINKAUF

1 UNVERARBEITETE LEBENSMITTEL KAUFEN & PLASTIK EINSPAREN Ich kaufe so häufig wie möglich natürliche und unverarbeitete Lebensmittel. Dafür gibt es nicht nur gesundheitliche Gründe, sondern auch ökologische. Fertigprodukte werden oftmals in nichtabbaubaren Einwegverpackungen aus Plastik angeboten. Noch schlimmer ist ein Verbund von mehreren Materialien, die man beim Entsorgen nicht mehr auseinanderbekommt. Das fällt vor allem bei Fertig- und Snackprodukten auf – und genau dafür soll dieses Kochbuch auch Abhilfe schaffen.

2 BIO-QUALITÄT & UNVERPACKT Ich kaufe meine Lebensmittel möglichst in Bio-Qualität. Für den Einkauf gehe ich am liebsten in Bio-Läden oder auf den Wochenmarkt, denn dort habe ich zudem ganz bequem die Möglichkeit, Lebensmittel ohne Verpackung zu kaufen.

3 SAISONAL & REGIONAL EINKAUFEN Obst und Gemüse, das um die halbe Welt geflogen wird, belastet die Umwelt deutlich stärker als Obst und Gemüse aus der Region. Bei meinem Einkauf im Supermarkt schaue ich auf den Schildern nach, aus welchem Land die Lebensmittel stammen. Produkte wie Bananen oder Datteln wird es nie aus regionalem Anbau geben, das finde ich für meinen Teil in Ordnung.

4 EIGENE TASCHEN FÜR DEN TRANSPORT Viele Supermärkte haben es bereits umgesetzt und ab Januar 2022 ist dann endgültig Schluss mit ihnen: Plastiktüten an der Kasse. Egal, ob aus Plastik oder Papier: Es ist immer besser, seinen eigenen Beutel mitzubringen. Papiertüten wirken zwar umweltschonend, sind es aber nicht zwingend. Sie »lohnen« sich erst, wenn man sie mehrmals wiederverwendet.

5 KOSMETIK Der positive Nebeneffekt, wenn wir auf nachhaltige Produkte zurückgreifen: Sie tun nicht nur der Umwelt gut, sondern auch unserem Körper. Ich plädiere immer dafür: Schau dir die Inhaltsstoffe an! Hormonverändernd, krebserregend, allergieauslösend – keine seltenen Nebenwirkungen in herkömmlichen Cremes. Zwar nur in kleinen Dosen, aber die Menge macht das Gift. Ich setze schon seit Jahren auf Naturkosmetik, die z. B. frei von Mikroplastik, chemischen Duftstoffen, Silikonen und Parabenen ist.

6 MODE Dass ich bei meinen Fashion-Kooperationspartnern auf Nachhaltigkeit Wert lege, kommt nicht von ungefähr: Viele Konzerne bieten eine möglichst große Anzahl an Kollektionen zu einem sehr günstigen Preis an. Oft hat die Kleidung eine geringe Qualität, ist dadurch nicht langlebig und landet am Ende tonnenweise im Müll. Hergestellt wird die Mode häufig unter schlechten Arbeitsbedingungen und dem Einsatz von Giftstoffen. Deswegen lieber in etwas höherpreisige, nachhaltige und langlebige Mode investieren!

BASISZUTATEN

Mit den folgenden Lebensmitteln kannst du die meisten meiner Snack-Rezepte zubereiten. Da sie sich auch größtenteils lange halten, lohnt es sich, den eigenen Vorratsschrank damit aufzustocken. Immer, wenn der kleine Hunger zwischendurch kommt, kannst du auf diese Basiszutaten zurückgreifen und schnell etwas Leckeres zaubern! Bei allen Lebensmitteln achte ich auf Bio-Qualität. Ganz besonders wichtig ist das bei den Gewürzen! Alle Zutaten findest du in jedem größeren Bio-Supermarkt, zum Teil auch in der Bio-Lebensmittelabteilung von Drogeriemärkten.

TROCKENFRÜCHTE

- Apfelringe
- Aprikosen (ungeschwefelt)
- Datteln (besonders lecker: Medjool-Datteln)
- Feigen
- Rosinen (ungeschwefelt)

OBST

- Açaí (tiefgefrorenes Püree)
- Äpfel
- Bananen
- Erd-, Heidel- und Himbeeren (frisch oder tiefgefroren)
- Mango (frisch oder tiefgefroren)
- Orangen (Bio-Qualität)
- Sauerkirschen (aus dem Glas)
- Zitronen (Bio-Qualität)

GEMÜSE

- Brokkoli
- Karotten
- Mais (tiefgefroren oder aus dem Glas)
- Oliven
- Süßkartoffeln
- Tomatenpassata
- Zucchini

SÜSSES

- Apfelmark
- Honig
- Kokosblütenzucker
- Sirup (Ahorn-, Dattel- oder Reissirup)
- vegane Schokolade und Schokostückchen (60–90 % Kakaoanteil)

NÜSSE, KERNE & SAMEN

- Cashewkerne
- Chiasamen
- Erdnüsse
- Haselnüsse
- Kürbiskerne
- Mandeln
- Nussmus (z. B. Cashew-, Erdnuss-, oder Mandelmus)
- Pistazien
- Samen (Chia-, Hanf- und Leinsamen)
- Sesamsaat
- Sonnenblumenkerne
- Walnüsse

GETREIDE, PSEUDOGETREIDE & HÜLSENFRÜCHTE

- Buchweizenmehl & -körner
- Dinkelvollkornmehl
- gepuffter Reis
- Haferflocken
- Kichererbsen (aus dem Glas)
- Mandelmehl
- Vollkornreismehl

FETTE & ÖLE

- Kokosmus
- Kokosöl
- Olivenöl

TIERISCHE PRODUKTE & MILCHALTERNATIVEN

- Eier (Gr. M)
- Kokosmilch (cremig, ca. 60 % Kokosanteil)
- pflanzlicher Drink (z. B. ungesüßte Hafer- oder Nussdrinks)
- veganer Frischkäse (z. B. auf Cashew- oder Haferbasis)
- pflanzlicher Joghurt (z. B. Cashew-, Mandel- oder Kokosjoghurt)

KRÄUTER, GEWÜRZE & SUPERFOODS

- Bourbon-Vanille (gemahlen – kein Vanillezucker!)
- Brotgewürz (Fenchel-, Koriander-, Anissamen)
- Ceylon-Zimtpulver
- Chilipulver
- Ingwerpulver
- Kakaonibs
- Kakaopulver (stark entölt, aus Rohkakao)
- Kokosraspel
- Kräuter (frisch oder getrocknet)
- Meersalz
- Paprikapulver edelsüß
- Pfeffer

Energy Balls

1

Energy Balls gehören zu meinen absoluten Lieblingssnacks. Sie sind schnell gemacht und so einfach, dass sie wirklich allen gelingen. In der Regel brauchen wir nur ganz wenige Zutaten, die du auf Vorrat zu Hause lagern kannst: Nüsse, Trockenfrüchte, Gewürze & Co. So kann man sich ruckzuck eine Leckerei zaubern, ohne noch einkaufen gehen zu müssen. Durch ihre praktische Größe eignen sich Energy Balls perfekt für unterwegs. Wenn mich die Lust auf etwas Süßes überkommt, liebe ich sie aber auch als gesundes Dessert. Um den kleinen Bällchen neue Facetten zu verleihen, habe ich mir ganz besondere Kombinationen einfallen lassen! Zart, knusprig, roh, gebacken, mit Füllung oder gar von Kuchen inspiriert. Diese Balls haben es in sich!

ENERGY BALLS
Good to know

Der perfekte Snack für zwischendurch! Die meisten Rezepte sind in wenigen Minuten fertig und verlangen wirklich keine ausgeprägten Talente. Damit wirklich gar nichts schiefgehen kann, findest du hier meine Tipps und Tricks. Keine Küchenschlacht, keine verklebten Mixer!

REZEPTE SCHNELL RETTEN

Bei rohen Energy Balls siehst – und schmeckst – du beim Zubereiten direkt dein Ergebnis. Es ist kein Kuchenteig, der im Ofen erst hochgehen muss und dabei seinen Geschmack ändert! Demnach kannst du *direkt abschmecken und verbessern*. Natürlich sind meine Rezepte erprobt, aber jede Dattel ist anders, und auch Nussmus kann fester oder flüssiger sein. Generell gilt: Nicht süß genug? – Mehr Trockenfrüchte oder Sirup. Zu fad? – Vergiss das Salz nicht! (Mein liebster Geschmacksverstärker.)

KLEBRIGE MASSE?

Die wird noch trockener! Gerade bei Energy Balls hat die Masse anfangs immer eine klebrige Konsistenz. *Mit leicht angefeuchteten Händen* sollte das Formen der Bällchen aber kein Problem mehr sein.

FEUCHTE MASSE?

Stelle die Masse *15–30 Minuten in den Kühlschrank*. Das reicht meistens schon, damit sie fest genug zum Formen wird. Alternativ kannst du je nach Rezept *Haferflocken, gemahlene Nüsse oder Kerne einkneten*.

KRÜMELIGE, TROCKENE MASSE?

Das kann immer mal passieren. Die Lösung ist ganz einfach: löffelweise *kaltes Wasser, Pflanzendrink oder Nussmus* dazugeben! Langsam herantasten, damit du nicht zum Punkt »Feuchte Masse?« zurück musst. Ansonsten hilft auch: erstmal weitermixen. Nach und nach wird die Masse ihre Konsistenz verändern, glatter werden und sich besser verbinden. Mach das natürlich nur, wenn du ein ganz glattes Ergebnis wünschst.

NUSSALLERGIE?

Ja, viele meiner Energy Balls enthalten Nüsse. Solltest du eine Nussallergie haben, empfehle ich dir *alternativ Sonnenblumen-, Kürbiskerne oder Kokosraspel* zu verwenden. Die gibt es übrigens auch als Mus.

TROCKENFRÜCHTE

Trockenfrüchte enthalten zwar viel Zucker, sind aber in Maßen eingesetzt eine *sehr gute Grundlage* für Energy Balls. Große Packungen sind günstiger und nachhaltiger. Bewahre die Trockenfrüchte luftdicht verschlossen und dunkel auf – dann hast du sehr lange etwas davon. Sollten sie bereits ausgetrocknet sein, übergieße sie einfach in einer Schale mit heißem Wasser und lasse sie ein paar Minuten ziehen.

HALTBARKEIT

UNGEBACKENE BALLS halten im Kühlschrank bis zu 1 Woche, lassen sich aber auch sehr gut tiefkühlen und sind so bis zu 3 Monate haltbar. Hole die tiefgekühlten Balls dann rechtzeitig aus dem Eisfach, damit sie langsam über Nacht im Kühlschrank auftauen können.

GEBACKENE BALLS schmecken frisch am besten. Danach härten sie immer weiter aus. Du könntest sie luftdicht in einer Box verpackt ebenfalls rund 1 Woche im Kühlschrank aufbewahren – ihren Crunch werden sie so allerdings verlieren. In dem Fall hilft auch kurzes Aufbacken bei 100 Grad!

MEINE ENERGY BALLS – DER PERFEKTE SNACK!

- ausschließlich gesunde und natürlich Zutaten – kein raffinierter Zucker, keine gehärteten Fette, keine Süßstoffe
- in wenigen Minuten fertig – minimaler Aufwand
- leichte Rezepte und gelingsicher – perfekt für den Start geeignet
- gut zu transportieren – ob auf Reisen, zum Sport, zur Arbeit, Schule oder Uni
- viele Ballaststoffe – gut für die Verdauung
- schön zum Verschenken – für die Liebsten im Freundeskreis, von der Arbeit oder in der Familie

SCHOKO-BALLS
mit Nussmus-Füllung

Wie sagt man so schön? Es kommt auf die inneren Werte an. Diese Schoko-Balls könnten von außen kaum normaler aussehen. Doch wer einen Biss wagt, bekommt eine cremige Überraschung! Das System ist sichtlich einfach, das Ergebnis macht aber richtig was her. Du kannst dich frei entscheiden, welche Nussmus-Sorte deine liebste ist: Erdnuss, Cashew, Mandel oder lieber etwas ganz Außergewöhnliches?

Ca. 6 Stück / Ca. 2 1/2 Std.

FÜR DIE FÜLLUNG:
- 20 g Nussmus

FÜR DIE BALLS:
- 50 g entsteinte Datteln
- 20 g Haferflocken
- 20 g Nussmus
- 1 Prise Salz
- 5 g rohes Kakaopulver, stark entölt
- 1 TL Pflanzendrink nach Belieben

Tipp

* Menschen mit Nussallergien können auch Kokosmus verwenden!

1 Für die Füllung das Nussmus (pro Ball ca. 1/2 TL) in eine mit Backpapier ausgelegte Auflaufform geben und mindestens 2 Std. in die Tiefkühltruhe legen.

2 Für die Balls die Datteln in einem Food Processor zu Dattelpaste verarbeiten. Haferflocken, Nussmus, Salz und Kakaopulver dazugeben. Falls die Masse sehr trocken ist, mit 1 TL Pflanzendrink nachhelfen. Alles erneut mixen.

3 Den Teig in gleich große Portionen teilen: Wenn du 6 Balls machst, wären das ca. 16 g Teig pro Ball. Jede Teigportion zu einem flachen Kreis drücken und nun in die Mitte ein gefrorenes Stück Nussmus legen. Von allen Seiten zuklappen und den Ball glatt streichen.

4 Für die Lagerung hast du zwei Optionen: Bei Zimmertemperatur bleibt die Nussmus-Füllung weicher, im Kühlschrank wird sie fest.

PRO BALL, CA. 19 G: 78 KCAL – 2 G PROTEIN – 10 G KOHLENHYDRATE (6 G ZUCKER, 1 G BALLASTSTOFFE) – 4 G FETT (3 G UNGESÄTTIGT)

BROWNIE BALLS
Himbeer-Kokos – wie ein Dessert

Mhhhh ... hier kommen alle Schoko-Fans auf ihre Kosten. Diese Brownie Balls sind unglaublich cremig, reichhaltig und schmecken wie ein Dessert. Ohne Nüsse oder Getreide bleiben sie lange so saftig wie am ersten Tag, weswegen man sie super vorbereiten kann. So ist man für jeden süßen Hunger gewappnet! Mama und ich haben uns dann sogar um das letzte Bällchen gestritten ... und es schlussendlich geteilt.

Ca. 10 Stück / Ca. 30 Min.

- 100 g entsteinte Datteln
- 40 g Kokosraspel
- 10 g rohes Kakaopulver, stark entölt
- 1 Prise Salz
- 30 g Himbeeren (frisch oder gefroren)

TOPPING NACH BELIEBEN:
- rohes Kakaopulver, stark entölt

Tipp

* Die Himbeeren sind ein fruchtiger Gegenspieler zum süßen Schokogeschmack. Nicht weglassen!

1 Die Datteln in einem Food Processor zu Dattelpaste verarbeiten. Falls sie zu hart sind, vorher für ein paar Minuten in heißes Wasser legen.

2 Kokosraspel, Kakao und Salz dazugeben. Mit dem Food Processor pulsieren, bis alles einheitlich verteilt ist.

3 Die Himbeeren putzen, waschen und trocken tupfen. Gefrorene kannst du einfach so nehmen. Mit einem Löffel vorsichtig unterrühren bzw. in den Teig kneten – aber nicht überkneten, damit noch Stücke übrig bleiben.

4 Mit sauberen Händen kleine Bällchen formen. Nach Belieben umhüllen, indem du zusätzliches Kakaopulver auf einem Teller verteilst und die Bällchen darin hin- und herrollst.

PRO BALL, CA. 18 G: 60 KCAL – 1 G PROTEIN – 8 G KOHLENHYDRATE (6 G ZUCKER, 2 G BALLASTSTOFFE) – 3 G FETT (1 G UNGESÄTTIGT)

WEISSE KOKOS-BALLS

im Kokosnuss-Himmel

Weiß wie die Wolken im Himmel ... oder wie eine Kokosnuss in all ihren Varianten. Für diese zarten Energy Balls brauchen wir Kokosraspel als Basis, etwas Kokosmehl für mehr Halt und Kokosmilch für eine cremige Konsistenz. Wenn ich dir also eins garantieren kann: Sie schmecken nach Kokos. Neben einem leckeren Geschmackserlebnis strahlt die Kokosnuss auch in puncto Gesundheit. Reich an Ballaststoffen und Nährstoffen wie Kalium, Kalzium und Magnesium bringen uns die kleinen Balls fit durch den Alltag!

Ca. 6 Stück / Ca. 15 Min.

- 40 g cremige Kokosmilch (ca. 60 % Kokosanteil)
- 60 g Kokosrapel
- 10 g Kokosmehl
- 20 g Honig oder Reissirup
- 2 Prisen Salz
- etwas Vanille (gemahlen)

TOPPING NACH BELIEBEN:
- Kokosraspel

Tipp

* Um der bekannten Süßigkeit (»R...«) nahezukommen, kannst du in die Mitte eine ganze Mandel reindrücken.

1 Nur den cremigen Teil der Kokosmilch verwenden, der sich oben als dicke Schicht absetzt. Falls das bei dir nicht der Fall ist, solltest du die Kokosmilch vorher 2 Std. in den Kühlschrank stellen.

2 Alle Zutaten in einem Food Processor verarbeiten, bis ein schöner Teig entsteht. Die Masse direkt abschmecken, denn je nach Qualität der Grundzutat kann das Ergebnis variieren. Nicht süß genug? Mehr Honig oder Reissirup. Zu feucht? Mehr Kokosraspel. Zu bröselig? Mehr Kokosmilch oder 1 TL flüssiges Kokosöl dazugeben.

3 Den Teig mit sauberen Fingern zu kleinen Bällen formen und optional in Kokosraspeln rollen.

PRO BALL, CA. 20 G: 95 KCAL – 1 G PROTEIN – 4 G KOHLENHYDRATE (2,5 G ZUCKER, 2 G BALLASTSTOFFE) – 8 G FETT (1 G UNGESÄTTIGT)

COOKIE DOUGH BITES
mit Schokolade

Keksteig – wir lieben ihn alle! Und manchmal schmeckt roher Teig noch besser als das gebackene Endprodukt, oder? Genau deshalb backen wir diese Bällchen nicht! Sie sind im Handumdrehen fertig und benötigen nur fünf Zutaten. Bei der Zubereitung kann praktisch nichts schiefgehen. Mit zarten 71 kcal pro Bällchen sind sie ein leckerer Snack für zwischendurch und eignen sich super als gesundes Dessert.

Ca. 10 Stück / Ca. 15 Min.

‣ 90 g Haferflocken oder Hafermehl
‣ 30 g Erdnussmus
‣ 50 g cremige Kokosmilch (ca. 60 % Kokosanteil)
‣ 1/2 TL Salz
‣ 20 g Honig oder Ahornsirup
‣ 10 g vegane Schokostückchen

* Die Cookie Dough Cream aus meinem Bowls-Kochbuch hat stets hohe Wellen geschlagen. Doch die Kichererbsen bekommen nicht jedem Verdauungstrakt so gut – auch nicht immer meinem. Diese Cookie Dough Bites sind für mich dagegen gut verdaulich.

1 Optional: Die Haferflocken in einem Food Processor zu Hafermehl verarbeiten.

2 Mit den restlichen Zutaten – mit Ausnahme der Schokostückchen – in einer Schüssel vermengen und zu einem einheitlichen Teig kneten. Dazu benutzt man am besten seine sauberen Finger.

3 Die Schokostückchen zum Teig geben und alles erneut vermengen.

4 Den Teig löffelweise zwischen den Handflächen zu kleinen Bällchen formen. Wenn er etwas klebrig ist, kann man ihn für 15 Min. in den Kühlschrank stellen – das hilft!

PRO BALL, CA. 20 G: 71 KCAL – 2 G EIWEISS – 7 G KOHLENHYDRATE (2 G ZUCKER, 1 G BALLASTSTOFFE) – 3 G FETT (2 G UNGESÄTTIGT)

BANANA BREAD BALLS
vom Kuchen inspiriert

Bananenbrot als schneller Snack? Inspiriert vom wohl bekanntesten Kuchen meiner Generation habe ich die wichtigsten Aromen in diese Powerbällchen gesteckt: Banane, Nüsse, Zimt, Muskat und Ingwer. Da Bananen natürliche Süße mit sich bringen, können wir (fast) ganz ohne zusätzlichen Zucker auskommen! Ein Teelöffel Honig kam bei mir dazu, da meine Banane noch nicht allzu braun und süß war. Also unbedingt dein eigenes Ergebnis geschmacklich optimieren!

Ca. 10 Stück / Ca. 12 Min.

▸ 70 g Banane (geschält)
▸ 40 g Haferflocken
▸ 1 TL Honig oder Ahornsirup
▸ 20 g Nussmus
▸ 20 g Kokosraspel
▸ 1/4 TL Salz
▸ 1/2 TL Ceylon-Zimtpulver
▸ 1 Prise Muskatnusspulver
▸ 1 Prise Ingwerpulver
▸ 20 g Nüsse

TOPPING NACH BELIEBEN:
▸ Kokosraspel

1 Alle Zutaten – mit Ausnahme der Nüsse – in einem Food Processor verarbeiten. Je länger du mixt, desto glatter wird die Konsistenz. Ich mag ein paar größere Stücke sehr gerne.

2 Die Masse probieren und, wenn nötig, mit etwas Honig oder Ahornsirup nachsüßen. Das kann variieren, je nachdem, wie reif die Banane war.

3 Die Nüsse mit einem Messer grob hacken und unterrühren. Ich habe Cashewkerne verwendet.

4 Löffelweise mit sauberen Handflächen kleine Bällchen formen. Wenn der Teig zu klebrig ist, einfach für 10 Min. im Kühlschrank kalt stellen und erst dann verarbeiten.

5 Nach Belieben mit Kokosraspeln umhüllen. Dafür verteilst du sie auf einem Teller und rollst die Bällchen hin und her. Schmecken frisch am besten!

PRO BALL, CA. 18 G: 60 KCAL – 2 G PROTEIN – 5 G KOHLENHYDRATE (2 G ZUCKER, 1 G BALLASTSTOFFE) – 4 G FETT (2 G UNGESÄTTIGT)

KAROTTENKUCHEN-BALLS
vom Kuchen inspiriert

Bananenbrot, Karottenkuchen … bei mir muss jeder Lieblingskuchen für einen Energy Ball herhalten! Wieder geben wir die entscheidenden Aromen des Kuchens in den Mixer und erhalten per Knopfdruck einen Kuchenteig to go – mit Karotten als Basis anstatt Datteln. Ich habe schon einige Male »Karotten-Balls« gegessen, die vielleicht zu 2 % aus Karotten bestanden. Das gilt für mich nicht als »Gemüse schmuggeln«. Wenn schon, dann richtig! Tatsächlich muss man nur gründlich mixen und bekommt eine wunderschön orangefarbene Masse, die geschmacklich nichts von Gemüse erahnen lässt.

Ca. 8 Stück / Ca. 10 Min.

▸ 50 g Karotte
▸ 40 g Haferflocken
▸ 15 g Honig oder Ahornsirup
▸ 20 g Nussmus
▸ 1 Prise Muskatpulver
▸ 1/2 TL Ceylon-Zimtpulver
▸ 1 Prise Ingwerpulver
▸ 1 Prise Salz
▸ 20 g gehackte Nüsse

TOPPINGS NACH BELIEBEN:
▸ *Kokosraspel oder gehackte Nüsse*

.... *Info* ....

* Die Karotte ist eine echte Superheldin. Sie enthält viel Vitamin A für gute Augen und ist äußerst kalorienarm!

1 Die Karotte putzen, schälen und raspeln oder in einem Food Processor zerkleinern. Haferflocken, Honig oder Ahornsirup, Nussmus und Gewürze mit Salz dazugeben und alles zu einer einheitlichen Masse verarbeiten.

2 Abschmecken – nicht aromatisch genug? Mehr Gewürze. Nicht süß genug? Mehr Honig oder Ahornsirup. Zu fest? Mehr Nussmus oder 1 EL Pflanzendrink. Zu flüssig? Mehr Hafermehl, aber Achtung: Der Teig dickt noch an.

3 Anschließend die gehackten Nüsse unterrühren. Ich habe gehackte Mandeln verwendet.

4 Den Teig mit sauberen Fingern zu Balls formen. Falls der Teig doch noch zu klebrig ist, einfach für 15 Min. in den Kühlschrank stellen. Nach Belieben in Kokosraspeln oder gehackten Nüssen rollen. Schmecken frisch am besten!

PRO BALL, CA. 18 G: 57 KCAL – 2 G PROTEIN – 5 G KOHLENHYDRATE (1 G ZUCKER, 1 G BALLASTSTOFFE) – 3 G FETT (2 G UNGESÄTTIGT)

PINKE HIMBEER-BALLS
weich & saftig

Saftig, simpel und schön. Die pinkfarbenen Balls sind dank der Himbeeren saftiger als normale Energy Balls. Die Zutatenliste könnte kaum kürzer sein und dank der Datteln brauchen wir auch kein zusätzliches Süßungsmittel. Ich hatte sogar eher Probleme, diesen Snack nicht zuuu süß zu machen.

Ca. 12 Stück / Ca. 15 Min.

- 90 g entsteinte Datteln
- 75 g Haferflocken
- 75 g Himbeeren (frisch oder gefroren)
- 2 Prisen Salz

TOPPING NACH BELIEBEN:
- 10 g Kokosraspel

Tipp

✳ Ich verwende immer Medjool-Datteln, das sind die großen, saftigen Datteln. Diese lassen sich besonders gut verarbeiten. Falls du nur die kleinen, harten Datteln zu Hause hast, kannst du sie vor dem Verarbeiten für 10 Min. in heißes Wasser legen. Das macht sie schön weich!

1 Die Datteln in einem Food Processor zu Dattelpaste zerkleinern.

2 Die restlichen Zutaten dazugeben und alles erneut mixen, bis eine homogene Masse entsteht.

3 Mit sauberen Fingern testen, ob man aus dem Teig bereits Bällchen formen kann. Falls er zu feucht oder klebrig sein sollte, hilft es, den Teig für 15 Min. in den Kühlschrank oder für ein paar Min. in die Gefriertruhe zu stellen. Kalt klebt er definitiv weniger und die Haferflocken haben etwas Zeit zu quellen.

4 Nun löffelweise Teig entnehmen und zwischen den sauberen Handflächen zu kleinen Bällchen formen. Wer mag, kann seine Bällchen auf einem Teller in Kokosraspeln wälzen. Schmeckt mit und ohne super!

PRO BALL, CA. 20 G: 46 KCAL – 1 G PROTEIN – 9 G KOHLEN-HYDRATE (5 G ZUCKER, 2 G BALLASTSTOFFE) – 1 G FETT (1 G UNGESÄTTIGT)

FRÜHSTÜCKS-BITES
kein normaler Dattelball

Darf ich vorstellen: das allererste Rezept, das ich für dieses Kochbuch entwickelt habe! Energy Balls, die nicht nur als Snack oder Dessert gedacht sind. Sie vereinen eine ganze Bandbreite an gesunden Zutaten, sodass sie sich auch perfekt als »To-go-Frühstück« eignen. Sie sind keine (!) simplen Dattelbällchen, sondern eine Kombination aus komplexen Kohlenhydraten, hochwertigen Fettquellen und pflanzlichen Proteinen. Sie halten lange satt und bringen dich fit durch den Tag, ohne schwer im Magen zu liegen.

Ca. 10 Stück / Ca. 10 Min.

- 60 g entsteinte Datteln
- 80 g Haferflocken
- 20 g Kokosraspel
- 20 g Kürbiskerne (alternativ andere Nüsse)
- 30 g Nussmus (z. B. Cashew- oder Mandelmus)
- 30 g Pflanzendrink
- 1/3 TL Salz
- 1/2 TL Ceylon-Zimtpulver

Tipp

* Kürbiskerne sind Kraftpakete: reich an ungesättigten Fettsäuren, Vitamin E und Antioxidanzien. Toll für die Gesundheit!

1 Die Datteln in einem Food Processor zu einer Paste verarbeiten. Falls die Datteln zu hart sind, vorher für 10 Min. in heißes Wasser legen. So werden sie schön weich.

2 Die übrigen Zutaten – bis auf 20 g Haferflocken – dazugeben und alles bis zur gewünschten Konsistenz mixen.

3 Nun die restlichen Haferflocken hinzufügen und vorsichtig mit einem Löffel unterrühren, sodass große Flocken erkennbar bleiben.

4 Die Masse löffelweise zwischen den sauberen Handflächen zu kleinen Bällchen formen.

PRO BALL, CA. 25 G: 92 KCAL – 3 G PROTEIN – 10 G KOHLENHYDRATE (4 G ZUCKER, 2 G BALLASTSTOFFE) – 5 G FETT (3 G UNGESÄTTIGT)

CRUNCHY AÇAÍ BALLS
voller Antioxidanzien

Ein Powerball für das Immunsystem – mit einer extra Ladung Vitaminen und Antioxidanzien! Die volle Ladung bekommst du, wenn du gefrorenes Açaí-Püree verwendest. Die brasilianische Superbeere ist tiefgefroren frischer, enthält noch beinahe alle Vitamine und Nährstoffe und schmeckt einfach besser. Sie ist vor allem für ihre Vielzahl an Antioxidanzien bekannt. Diese fangen freie Radikale, die sonst unsere Zellen angreifen würden. So können Alterungsprozesse verlangsamt und Krankheiten bestenfalls verhindert werden!

Ca. 12 Stück / Ca. 20 Min.

- 40 g Açaí-Püree (gefroren)
- 50 g entsteinte Datteln
- 40 g Kokosraspel
- 40 g Walnüsse
- 10 g Lein- oder Chiasamen
- 20 g Haferflocken
- 1 Prise Salz
- etwas Zitronenabrieb (Bio-Qualität)
- 30 g Buchweizen

TOPPING NACH BELIEBEN:
- 5 g Kokosraspel

* Die Buchweizenkörner geben einen lang anhaltenden Crunch! Auch, wenn die Balls schon ein paar Tage alt sind.

1 Das Açaí-Püree aus der Tiefkühltruhe holen, etwas antauen lassen oder – für die schnelle Variante – in lauwarmes Wasser legen.

2 Die Datteln in einem Food Processor oder Mixer zu Dattelpaste verarbeiten. Alle Zutaten – bis auf den Buchweizen – dazugeben und mixen. Zwischendurch ausschalten und die Masse in Richtung der Klingen schieben. Nicht zu lange mixen, sonst wird die Konsistenz zu einheitlich! Den Buchweizen hinzufügen und nur kurz pulsieren oder per Hand durchmischen. Abschmecken und optional noch mal mit weiterem Zitronenabrieb mehr Pep verleihen.

3 Ist der Teig zum Formen noch zu feucht, für 15 Min. in den Kühlschrank stellen. Dann haben die Zutaten noch Zeit zum Quellen.

4 Nun löffelweise Teig zwischen den Handflächen zu kleinen Bällchen formen und nach Belieben auf einem Teller in Kokosraspeln wälzen. Ab dem zweiten Tag schmeckt mir die Konsistenz der Balls noch besser! Also gerne auf Vorrat zubereiten.

PRO BALL, CA. 19 G: 76 KCAL – 3 G PROTEIN – 13 G KOHLENHYDRATE (6 G ZUCKER, 3 G BALLASTSTOFFE) – 10 G FETT (5 G UNGESÄTTIGT)

Energy Balls

GEBACKENE MÜSLIKUGELN
mit Apfelmark

> Konsistenz: KROSS. Keine Datteln, keine Nüsse … kein normaler Energy Ball! Meine Mama bevorzugt ihre Snacks lieber gebacken und weniger »raw«. Deshalb habe ich mich an ein Rezept gemacht, das so gar nichts mit den klassisch weichen Dattelbällchen zu tun hat. Sie schmecken wie gebackenes Müsli, das durch ein paar kleine Kniffe zu Kugeln zusammenhält.

Ca. 8 Stück / Ca. 25 Min.

- 50 g Haferflocken
- 50 g Apfelmark oder zerdrückte Banane
- 40 g Rosinen (ungeschwefelt)
- 1 Prise Salz
- 1 TL Ceylon-Zimtpulver
- 10 g Kakaonibs oder vegane Schokostückchen
- 10 g Kokosraspel

* Die Version mit Apfelmark bringt eine leichte Säure mit sich, zerdrückte Banane schmeckt süßer. Wer keine Rosinen mag, kann getrocknete Feigen oder Datteln klein hacken.

1 Den Backofen auf 180 Grad vorheizen und ein Backblech mit Backpapier auslegen.

2 Haferflocken, Apfelmark oder zerdrückte Banane mit Rosinen, Salz und Zimt ganz kurz in einem Food Processor verarbeiten. Die Masse sollte noch stückig bleiben.

3 Kakaonibs oder vegane Schokostückchen und Kokosraspel mit einem Löffel vorsichtig unterrühren.

4 Mit sauberen Händen kleine Kugeln formen, auf das Backblech legen und 10–15 Min. backen. Frisch schmecken sie am besten!

PRO BALL, CA. 18 G: 57 KCAL – 1 G PROTEIN – 9 G KOHLENHYDRATE (4 G ZUCKER, 1 G BALLASTSTOFFE) – 2 G FETT (1 G UNGESÄTTIGT)

Fruchtiges

2

Wie wäre es mit einer Abkühlung an einem heißen Sommertag? In Form von Frozen Yogurt Bites oder geschmolzener Erdbeer-Eiscreme? Ich liebe es, Früchte in meinen Rezepten zu verwenden. Dank all der verschiedenen Sorten können wir süße, saure, ganz leichte oder supercremige Gerichte zubereiten. Früchte enthalten nicht nur viele Vitamine, Mineral- und Ballaststoffe, sondern verleihen Rezepten auch eine natürliche Süße. Hier kommen alle Naschkatzen auf ihre Kosten – ohne den Einsatz von raffiniertem Zucker oder Ersatzprodukten!

ERDBEER-FRUCHTLEDER
nur 2 Zutaten

Wer sich gesund ernähren möchte, sollte von Gummibärchen und Co. eigentlich Abschied nehmen. Da ich das Wort »Verzicht« aber gar nicht mag, muss auch hier eine gesunde Alternative her! Fruchtleder ist ähnlich zäh wie Gummibärchen und geschmacklich unfassbar intensiv. Ich übertreibe nicht: Meine gefrorenen Erdbeeren haben ziemlich lasch geschmeckt, doch das Fruchtleder hat mich halb von den Socken gerissen!

Ca. 50 g bzw. 10 Rollen / 5–7 Std.

- 400 g Erdbeeren (frisch oder gefroren)
- 1 EL Zitronensaft

Info

* Keine Angst wegen des Stromverbrauchs – bei einem Backofen der Energieklasse A oder B entstehen pro Stunde nur Kosten von wenigen Cent.

PRO 100 G:
262 KCAL – 6 G PROTEIN – 46 G KOHLENHYDRATE (44 G ZUCKER, 12 G BALLASTSTOFFE) – 4 G FETT (4 G UNGESÄTTIGT)

1 Zuerst testen, ob der Backofen eingeschaltet bleibt, wenn man ihn einen Spalt öffnet bzw. einen Kochlöffel in die Tür steckt – ansonsten klappt das Rezept leider nicht. Ein Backblech mit Backpapier auslegen.

2 Die Erdbeeren waschen und putzen oder auftauen lassen. Die Früchte zusammen mit dem Zitronensaft in einen Mixer geben und zu feinem Mus verarbeiten. Das Mus auf dem Backblech glatt ausstreichen – ca. 5 mm dick.

3 Bei 50–70 Grad (unterste Temperaturstufe) in den Backofen schieben, dabei die Ofentür einen Spalt offen lassen, damit Feuchtigkeit entweichen kann. Einen Kochlöffel einklemmen, wenn die Ofentür von alleine schließt.

4 Das Erdbeermus sollte auf diese Art 4–7 Std. – je nach Dicke der Fruchtschicht – dehydrieren.

5 Sobald das Leder nicht mehr klebrig ist, leicht abkühlen lassen und vorsichtig vom Untergrund abziehen, mit einer Küchenschere oder einem Messer in Streifen schneiden und aufrollen.

Fruchtiges

EISCREME-BITES
Schoko, Himbeere, Mango

Lust auf Eiscreme – aber nur so ein bisschen? Vielleicht ein kleines Dessert nach dem Abendessen? Oder ein Mini-Snack, um den Heißhunger zu befriedigen? Na, dann stelle ich dir selbstbewusst meine Eiscreme-Bites vor. Du kannst sie wunderbar wochenlang in der Tiefkühltruhe lagern und immer wieder eines rausholen, wenn dir nach einer süßen Erfrischung ist. Außerdem arbeiten wir hier nur mit der Süße von Früchten! Kein zusätzlicher Sirup, kein Honig, kein Kokosblütenzucker. Ein schlechtes Gewissen wegen »Schoko-Eis« ist hier definitiv fehl am Platz.

Ca. 5 Stück pro Sorte /
Ca. 10 Min.

CRUNCHY SCHOKO:
▸ 100 g Banane (geschält)
▸ 2 TL rohes Kakaopulver, stark entölt
▸ 15 g vegane Schokostückchen (Topping)

HIMBEER-ERDNUSS:
▸ 50 g Banane (geschält)
▸ 50 g Himbeeren
▸ 20 g Erdnussmus
▸ 10 g Himbeeren, klein geschnitten (Topping)

MANGO-KOKOSNUSS:
▸ 80 g Mango (gefroren)
▸ 30 g cremige Kokosmilch (ca. 60 % Kokosanteil)
▸ 5 g Kokosraspel (Topping)

1 Alle Zutaten pro Sorte, bis auf die Toppings, in einem Food Processor mixen und in kleine Silikonförmchen füllen.

2 Mit den jeweiligen Toppings bestreuen bzw. dekorieren: Schokostückchen, Himbeerstückchen oder Kokosraspel.

3 Anschließend mindestens 3 Std. einfrieren. Du kannst sie gefroren snacken oder erst ein paar Minuten antauen lassen. Je nachdem, wie empfindlich deine Zähne sind!

PRO CRUNCHY-SCHOKO-BITE, CA. 25 G: 42 KCAL – 1 G PROTEIN – 6 G KOHLENHYDRATE (3 G ZUCKER, 2 G BALLAST-STOFFE) – 2 G FETT (1 G UNGESÄTTIGT)

PRO HIMBEER-ERDNUSS-BITE, CA. 25 G: 40 KCAL – 1 G PROTEIN – 4 G KOHLENHYDRATE (2 G ZUCKER, 1 G BALLAST-STOFFE) – 2 G FETT (2 G UNGESÄTTIGT)

PRO MANGO-KOKOSNUSS-BITE, CA. 23 G: 28 KCAL – 0 G PROTEIN – 3 G KOHLENHYDRATE (2 G ZUCKER, 1 G BALLAST-STOFFE) – 2 G FETT (0 G UNGESÄTTIGT)

Fruchtiges

GESCHMOLZENE EISCREME
mit Erdbeeren

Beeren sind äußerst zuckerarme Früchte und eignen sich prima für eine zuckerreduzierte Ernährung. Zusammen mit der Kokosmilch können wir per Knopfdruck eine sehr cremige Konsistenz genießen, die mich 1:1 an geschmolzene Eiscreme erinnert. Dieses Rezept ist zugegeben nicht ganz nach Plan gelaufen, aber das improvisierte Ergebnis finde ich besser als das, was ich eigentlich zaubern wollte. Was ich ursprünglich geplant hatte, verrate ich jetzt natürlich nicht mehr.

1 Portion / Ca. 5 Min.

- 100 g cremige Kokosmilch (ca. 60 % Kokosanteil)
- 150 g gefrorene Erdbeeren
- 1–2 TL Honig oder Ahornsirup

Info

* Im Gegensatz zu einer klassischen veganen Eiscreme habe ich keine Banane verwendet – es ist also keine »Nice Cream«.

1 Die Kokosmilch gut verrühren oder schütteln, damit sich die cremige Schicht mit dem Kokoswasser vermischt. Die gefrorenen Erdbeeren mit der Kokosmilch in einem Food Processor verarbeiten.

2 Mit Honig oder Ahornsirup abschmecken und noch mal mixen. Die Süße kannst du selbst bestimmen, für mich reicht die kleinere Mengenangabe. Die Konsistenz erinnert jetzt an eine geschmolzene Eiscreme.

3 Sofort servieren oder, falls man eine »richtige« Eiscreme wünscht, noch mal für 20 Min. in die Tiefkühltruhe stellen.

PRO PORTION, CA. 250 G: 350 KCAL – 3 G PROTEIN – 45 G KOHLENHYDRATE (37 G ZUCKER, 3 G BALLASTSTOFFE) – 20 G FETT (1 G UNGESÄTTIGT)

FROZEN YOGURT BITES
Limette-Basilikum

Ein Mini-Frozen-Yogurt als kleine Erfrischung? Für diese gefrorenen Joghurt-Bites habe ich mich vom Cocktail »Gin Basil Smash« inspirieren lassen. Die Kombination aus Basilikum, Limette und einem Hauch von Süße mag gewagt klingen, aber sie harmoniert 1a – mit Sternchen! Um den Zitrus- und Kräutergeschmack nicht zu überdecken, habe ich mich für eine neutrale Basis aus Joghurt und Kokosmilch entschieden. In der Gefriertruhe halten sich die Bites monatelang!

Ca. 30 Stück / Ca. 2 1/2 Std.

▸ 1 kleine Handvoll Basilikumblätter
▸ 50 g Kokosjoghurt
▸ 50 g cremige Kokosmilch (ca. 60 % Kokosanteil) oder veganer Frischkäse
▸ 20 ml frischer Limettensaft
▸ 30 g Reissirup

* Für die »Mojito«-Variante kannst du das Basilikum durch Minze ersetzen!

1 Das Basilikum waschen, trocken schütteln und ganz klein hacken.

2 Joghurt, Kokosmilch, Limettensaft und Reissirup vermischen. Das kannst du in einem Food Processor, einem Mixer oder per Hand machen. Statt Kokosmilch kannst du auch Frischkäse verwenden! Ich habe hier hellen Reissirup gewählt, damit die Farbe der Bites nicht ins Braune rutscht.

3 Das Basilikum unterrühren. Die Creme in Silikon-Eiswürfelformen füllen und für mindestens 2 Std. in die Gefriertruhe stellen. Vor dem Verzehr kurz antauen lassen.

PRO BITE, CA. 5 G: 9 KCAL – 0 G PROTEIN – 1 G KOHLENHYDRATE (1 G ZUCKER, 0 G BALLASTSTOFFE) – 0,5 G FETT (0 G UNGESÄTTIGT)

WASSERMELONEN-PIZZA
Sommer pur

Pizza aus Melone? Ja, mit ein bisschen Fantasie! Gerade, wenn die Temperaturen nach oben klettern, kommt diese fruchtig-leichte Pizza genau richtig. Ich finde diese Idee superschön für ein Buffet oder einen Brunch mit Freunden. Wassermelonen sind ja Gott sei Dank so groß, dass man gerne teilen mag!

8 Stück / Ca. 10 Min.

- 1 runde Scheibe Mini-Wassermelone (1 cm dick)
- 60 g pflanzlicher Joghurt (z. B. Cashew- oder Kokosjoghurt)
  - 20 g Heidelbeeren
  - 20 g Himbeeren

Tipp

* Statt dem Joghurt kannst du auch Himbeerpüree – quasi als Tomatensaucenersatz – verwenden. Dafür eine Handvoll Himbeeren pürieren.

1 Deine Wassermelonen-Scheibe auf einen Teller legen und den Joghurt auf der Scheibe verteilen. Die »Pizza« in 8 Stücke schneiden.

2 Die Beeren waschen, putzen, trocken tupfen und dekorativ auf den Pizzastücken verteilen.

PRO SCHEIBE, CA. 8 STÜCK: 141 KCAL – 4 G PROTEIN – 28 G KOHLENHYDRATE (24 G ZUCKER, 3 G BALLASTSTOFFE) – 2 G FETT (0 G UNGESÄTTIGT)

ZIMTÄPFEL MIT JOGHURT

voller natürlicher Süße

Meine Zimtäpfel eignen sich wunderbar zum Vorbereiten. Einfach bis zum Verzehr im Kühlschrank aufbewahren, herausholen und genießen! Auch als kalorienarmes Dessert, warm mit Porridge oder zum gemütlichen Wochenend-Brunch – hier sind der Fantasie keine Grenzen gesetzt. Du kannst sie sogar in einem Schraubglas mit ins Büro nehmen. Ein fruchtig-gesunder Allrounder!

Ca. 2 Portionen / Ca. 20 Min.

‣ 2 Äpfel
‣ 50 ml Wasser
‣ 1 TL Ceylon-Zimtpulver
‣ 1 Prise Vanille (gemahlen)
‣ 1 TL Zitronensaft
‣ 250 g pflanzlicher Joghurt (z. B. Cashew- oder Kokosjoghurt)

TOPPING NACH BELIEBEN:
‣ 1 Handvoll Beeren

1 Die Äpfel waschen, schälen, putzen und in kleine Stücke schneiden. Die Schale einfach beim Kochen snacken oder den Hasen geben – wenn du welche hast.

2 Die Apfelstückchen zusammen mit Wasser, Zimt, Vanille und Zitronensaft in einem Topf aufkochen. Bei kleiner Hitze ca. 10 Min. simmern lassen. Wenn du es gleich essen möchtest, kannst du direkt zum nächsten Schritt weitergehen. Für die Meal-Prepping-Variante solltest du die Äpfel erst auskühlen lassen.

3 Den Joghurt abwechselnd mit den Zimtäpfeln in ein Glas schichten. Nach Belieben mit ein paar Beeren dekorieren und genießen!

PRO PORTION, CA. 130 G: 238 KCAL – 2 G PROTEIN – 23 G KOHLENHYDRATE (16 G ZUCKER, 5 G BALLASTSTOFFE) – 16 G FETT (1 G UNGESÄTTIGT)

Fruchtiges

BUNTE FRUCHTSPIESSE
Obst to go

Einfacher geht's nicht: Trauben, Heidelbeeren und Co. auf einem Spieß – so kannst du ganz nach persönlicher Vorliebe dein Lieblingsobst auch unterwegs perfekt vernaschen. Die Spieße lassen sich super in Boxen transportieren und die Finger bleiben sauber. Lass deiner Kreativität freien Lauf – wie wäre es z. B. in der Reihenfolge eines Regenbogens? Oder je nach Mottoparty in den Farben der Flagge deines Lieblingslandes?

Ca. 5 Spieße / Ca. 10 Min.

▸ 5 Erdbeeren
▸ 5 Heidelbeeren
▸ 5 Weintrauben
  ▸ 1 Kiwi
  ▸ 1/2 Orange
  ▸ 1/2 Banane

Tipp

✶ Resteverwertung ist angesagt: Du kannst auf diese Weise auch Gemüsespieße zubereiten, z. B. mit Paprika, Gurke und Kirschtomate!

1 Alle Früchte vorbereiten: Beeren und Weintrauben waschen, putzen und trocken tupfen.

2 Kiwi und Orange schälen und in Stücke schneiden. Die Banane schälen und in Scheiben schneiden.

3 Die Früchte in beliebiger Reihenfolge auf Bambus- oder Holzspieße stecken. Direkt genießen oder im Kühlschrank lagern. Gekühlt schmeckt unser Obst richtig erfrischend!

PRO SPIESS: 34 KCAL – 1 G PROTEIN – 8 G KOHLENHYDRATE (6 G ZUCKER, 2 G BALLASTSTOFFE) – 0 G FETT (0 G UNGESÄTTIGT)

Fruchtiges ◆ 95 ◆

GEBRATENE BANANE
mit Mandeln & Joghurt

Darf ich vorstellen: Mamas liebstes 10-Minuten-Dessert. Den intensiven Duft einer gebratenen Banane verbinde ich total mit meiner Mutter, die noch mal kurz aus dem Bett gekrabbelt ist, um sich etwas Süßes zu machen. Warm, viel süßer als eine rohe Banane, unglaublich einfach und trotzdem so lecker. Ein echter Seelenwärmer ...

1 Portion / Ca. 10 Min.

- 1 Banane
- 1 TL Zitronensaft
- 1/2 TL Kokosöl
- 1 EL Mandelstifte
- 100 g pflanzlicher Joghurt (z. B. Cashew- oder Kokosjoghurt)

Tipp

* Wenn du keine Mandeln magst, kannst du sie durch Kokos-Chips oder vegane Schokolade ersetzen.

1 Die Banane schälen und der Länge nach halbieren. Die Schnittflächen mit Zitronensaft beträufeln. Die Säure der Zitrone harmoniert super mit der Süße der Banane.

2 Das Kokosöl in der Pfanne schmelzen lassen. Dann die Bananenhälften mit der Schnittfläche nach unten 5 Min. braten, bis sie Farbe angenommen haben, wenden und erneut anbräunen lassen.

3 Auf einen Teller legen, mit den Mandelstiften bestreuen und den Joghurt zum Dippen dazu reichen. Am besten sofort genießen!

PRO PORTION, CA. 200 G: 262 KCAL – 5 G PROTEIN – 28 G KOHLENHYDRATE (13 G ZUCKER, 5 G BALLASTSTOFFE) – 14 G FETT (10 G UNGESÄTTIGT)

Fruchtiges

Riegel

— 3 —

»Pamela und ihre Riegel« – wie oft habe ich diesen Satz schon gehört? Ich liebe Riegel. Sie gelten als DER Snack für Sportler und alle, die sich gesund ernähren möchten. Doch leider verstecken sich in vielen gekauften Riegeln beachtliche Mengen an Zutaten, die man kaum aussprechen kann, Zucker in allen Variationen, künstliche Süß- und Aromastoffe, E-Nummern und minderwertige Öle. Zutaten, die dem Körper nicht wirklich guttun. Die gute Nachricht: Riegel lassen sich auch leicht zu Hause machen. Viele meiner Rezepte enthalten nur eine Handvoll Zutaten, wie der 3-Zutaten-Riegel oder der Mini-Mandelriegel mit fünf Zutaten. Ob weich, kross, fruchtig oder mit Schokolade – hier sind garantiert Rezepte für dich dabei.

MINI-MANDELRIEGEL

nur 5 Zutaten

Maximal einfach und lecker! Willkommen zum ersten Riegelrezept, das ich für dieses Kochbuch entwickelt habe. In diesem Moment noch nicht ganz so geübt, wollte ich mich bzgl. des Schwierigkeitsgrads nicht allzu weit aus dem Fenster lehnen. Datteln, Nüsse und ein leckerer Zusatz. Fast alle Snackriegel aus dem Supermarkt sind so aufgebaut. Können wir das selbst? Absolut!

Ca. 8 Stück / Ca. 70 Min.

- 80 g entsteinte Datteln
- 80 g Mandelmus
- 60 g Mandeln
- 20 g vegane Schokostückchen
- 2 Prisen Salz

* Die Mandeln und das Mandelmus kannst du mit einer Sorte deiner Wahl austauschen!

1 Die Datteln in einem Food Processor zu Dattelpaste verarbeiten. Das Mandelmus dazugeben und alles erneut mixen.

2 Die Mandeln mit einem Messer grob hacken.

3 Dattel-Mandel-Paste, gehackte Mandeln, Schokostückchen und Salz in einer Schale mit einem Löffel vermischen. Etwas von den Schokostückchen zum Dekorieren übrig lassen. Die Masse in eine mit Backpapier ausgelegte Auflaufform geben, mit den restlichen Schokostückchen verzieren und flach andrücken.

4 Für ca. 1 Std. in den Kühlschrank stellen und danach in Riegel schneiden. Optional kannst du die Riegel auch für 15 Min. bei 160 Grad backen. Sie werden krosser, halten sich dann aber nur 1–2 Tage. Die rohen Riegel schmecken süßer und sind 4–5 Tage gut.

PRO RIEGEL, CA. 30 G: 156 KCAL – 4 G PROTEIN – 10 G KOHLENHYDRATE (10 G ZUCKER, 3 G BALLASTSTOFFE) – 11 G FETT (9 G UNGESÄTTIGT)

3-ZUTATEN-RIEGEL
süße Erdnuss

Dieses Rezept ist fast »zu simpel« für ein Kochbuch. Da der 4-Zutaten-Haferbrei aus meinem ersten Kochbuch aber zu den bekanntesten Rezepten gehört, traue ich mich doch, diese Riegel hier vorzustellen. Du benötigst sage und schreibe drei Zutaten und kannst dich am Schluss sogar entscheiden, ob du lieber weiche Raw-Riegel oder einen krossen, gebackenen Riegel bevorzugst. Ich bin Fan der Raw-Variante, meine Mama mochte sie aus dem Ofen lieber.

Ca. 4 Stück / Ca. 20 Min.

› 60 g entsteinte Datteln
  › 80 g Erdnüsse
  › 20 g Erdnussmus

✶ Die rohe Variante ist am Anfang etwas weich. Am zweiten oder dritten Tag härten die Riegel aber nach und haben dann eine Konsistenz wie die aus dem Supermarkt.

1 Die Datteln in einem Food Processor zu Dattelpaste verarbeiten. Ein paar Erdnüsse zum Dekorieren beiseitelegen. Die restlichen Erdnüsse und das Erdnussmus mit in den Food Processor geben. Falls dein Erdnussmus ungesalzen ist, würde ich noch etwas Salz hinzufügen. Salz intensiviert den Geschmack! Alles bis zur gewünschten Textur mixen.

2 Die Masse auf einem mit Backpapier ausgelegten Backblech verteilen, flach pressen, die übrigen Erdnüsse daraufgeben und nochmals gut eindrücken.

3 Nun gibt es zwei Möglichkeiten: Für die rohe Variante stellt man die Masse entweder für 15 Min. kalt und schneidet sie anschließend in Riegel. Für knusprige Riegel schiebt man das Blech für 10–15 Min. bei 160 Grad in den vorgeheizten Backofen und schneidet sie danach klein.

PRO RIEGEL, CA. 40 G: 190 KCAL – 7 G PROTEIN – 15 G KOHLENHYDRATE (10 G ZUCKER, 3 G BALLASTSTOFFE) – 12 G FETT (10 G UNGESÄTTIGT)

5-ZUTATEN-HAFERRIEGEL

mit Topping deiner Wahl

»Der wohl einfachste Haferriegel der Welt«: Mit nur fünf Zutaten können wir tatsächlich einen leckeren Riegel backen. Er schmeckt nicht allzu süß und ist zu 100 % clean. Haferflocken als Basis, die Banane dient als Süßungs- und Bindemittel, Erdnussmus für Aroma und Konsistenz. Wenn du crunchy Erdnussmus verwendest, hast du mit nur einer Zutat gleich zwei Konsistenzen: cremig und knackig! Dieses Basisrezept kannst du selbst erweitern: für mehr Süße mit gehackten Datteln oder Ahornsirup, für eine Schoko-Variante mit dunklem Kakaopulver usw.

Ca. 8 Stück / Ca. 30 Min.

- 200 g überreife Bananen (geschält)
- 200 g Haferflocken
- 100 g Erdnussmus
- 1/2 TL Salz
- 2 TL Ceylon-Zimtpulver

TOPPINGS NACH BELIEBEN:
- vegane Schokostückchen oder Heidelbeeren

Tipp

* Kernige Haferflocken machen den Riegel knuspriger, zarte schmecken weicher. Ich bevorzuge: kernig!

1 Den Backofen auf 170 Grad vorheizen und ein Backblech mit Backpapier auslegen.

2 Die Bananen mit einer Gabel zu Mus zerdrücken.

3 Haferflocken, Erdnussmus, Salz und Zimt dazugeben und alles mit einem Löffel vermischen.

4 Den Teig flach auf dem Backblech verteilen, nach Belieben Schokostückchen oder Heidelbeeren als Topping darauf verteilen und leicht andrücken.

5 Im vorgeheizten Ofen 15–20 Min. backen. Noch warm in Riegel schneiden und anschließend abkühlen lassen.

PRO RIEGEL, CA. 60 G: 193 KCAL – 7 G PROTEIN – 23 G KOHLENHYDRATE (4 G ZUCKER, 4 G BALLASTSTOFFE) – 8 G FETT (6 G UNGESÄTTIGT)

SAFTIGE HAFERRIEGEL
mit Himbeeren

Dieser Riegel punktet durch seine schöne saftige Konsistenz. Haferriegel neigen oft dazu, etwas trocken zu sein. Um der Textur einen Frischekick zu geben, greifen wir bei diesem Rezept neben gewohnten Vorratsprodukten auch zu frischen Bananen und Himbeeren. So einen Riegel kann man nicht im Supermarkt kaufen – und das schmeckt man auch!

Ca. 8 Stück / Ca. 40 Min.

▸ 140 g Banane (geschält)
▸ 100 g Nüsse (z. B. Cashewkerne oder Mandeln)
▸ 1/2 TL Salz
▸ 80 g entsteinte Datteln oder getrocknete Feigen
▸ 60 g Haferflocken
▸ 40 g Kokosraspel
▸ 100 g Himbeeren (frisch oder gefroren)

Tipp

✴ Den Teig nicht übermixen! Große Nuss- und Fruchtstücke geben einen tollen Crunch.

1 Den Backofen auf 180 Grad vorheizen und ein Backblech mit Backpapier auslegen.

2 Nüsse, Banane, Salz und Trockenfrüchte in einem Food Processor zerkleinern, aber ruhig noch grobe Stücke lassen. Haferflocken und Kokosraspel dazugeben und alles noch mal ganz kurz mixen.

3 Die Himbeeren mit einem Löffel vorsichtig unterrühren. Frische Himbeeren vorher waschen und trocken tupfen. Die Masse nun auf dem Backblech verteilen und glatt streichen.

4 Im Ofen 20–25 Min. backen, dann abkühlen lassen und in Riegel schneiden.

PRO RIEGEL, CA. 65 G: 187 KCAL – 4 G PROTEIN – 21 G KOHLENHYDRATE (10 G ZUCKER, 3,5 G BALLASTSTOFFE) – 10 G FETT (5,5 G UNGESÄTTIGT)

ORANGEN-APRIKOSEN-RIEGEL

ein Hauch von Weihnachten

Diese Riegel sind im Aroma so intensiv, dass mein Bruder kurz sicherstellen musste: »Das schmeckt so fruchtig ... Da sind aber keine Geschmacksverstärker drin, oder?« – Natürlich nicht, Orangenschalenabrieb ist einfach eine grandios wirksame Zutat! Insgesamt ist das eins meiner süßesten Riegel-Rezepte, da der Anteil der Trockenfrüchte sehr hoch ist. Beim Einkaufen solltest du darauf achten, dass vor allem die Orange und die Aprikosen Bio-Qualität haben.

Ca. 4 Stück / Ca. 40 Min.

- 90 g getrocknete Aprikosen
- 40 g getrocknete Apfelringe
- 40 g Kokosraspel
- 2 Prisen Salz
- 1 TL Ceylon-Zimtpulver
- 2 TL Orangensaft
- etwas Orangenabrieb (Bio-Qualität)

Tipp

* Die Konsistenz bleibt tagelang ultrasaftig, weshalb wir hier ein geniales Rezept für Meal Prepping haben!

1 Die getrockneten Aprikosen in einem Food Processor klein hacken. Apfelringe, Kokosraspel, Salz, Zimt und Orangensaft dazugeben und alles zu einer einheitlichen Masse mixen. Etwas Orangenabrieb hinzufügen und abschmecken.

2 Die Masse mit sauberen Händen kneten, bis sich alles gut verbunden hat.

3 Die Mixtur in eine Auflaufform geben, flach drücken und für mindestens 30 Min. kalt stellen. Anschließend in Riegel schneiden.

PRO RIEGEL, CA. 45 G: 149 KCAL – 2 G PROTEIN – 23 G KOHLENHYDRATE (19 G ZUCKER, 4 G BALLASTSTOFFE) – 6 G FETT (0 G UNGESÄTTIGT)

EINFACHE PROTEINRIEGEL
Schoko-Kokos

Proteinriegel sind ein brenzliges Thema. Die Produkte auf dem Markt sind meist voller Süßstoffe, künstlicher Aromen und Ersatzstoffe – um den mehligen Proteinpulver-Geschmack zu übertünchen und die Nährwerte möglichst »fitnesskonform« zu halten. Deshalb habe ich inzwischen meine eigenen Proteinriegel auf den Markt gebracht! Dieses Rezept ist zwar nicht das meiner in eineinhalb Jahren entwickelten Riegel, schmeckt aber für eine flotte Heimvariante total gut!

Ca. 4 Stück / Ca. 25 Min.

- 100 g entsteinte Datteln
- 10 g Kokosöl oder Nussmus
- 20 g Proteinpulver (z. B. Reis oder Erbse)
- 10 g rohes Kakaopulver, stark entölt
- 40 g Kokosraspel
- 2 Prisen Salz
- Vanille (gemahlen)

TOPPINGS NACH BELIEBEN:
- Kokos-Chips und/oder vegane Schokostückchen

Info

* Als Proteinpulver habe ich zu 100 % pures Reisprotein verwendet.

1 Datteln in einem Food Processor zu Dattelpaste verarbeiten. Das Kokosöl oder Nussmus schmelzen, indem man die benötigte Menge entweder für ein paar Min. in den warmen Ofen stellt oder in einem Topf auf dem Herd erwärmt.

2 Proteinpulver, Kakaopulver, Kokosraspel, Kokosöl oder Nussmus, Salz und Vanille im Food Processor vermischen. Unbedingt testen, ob die Masse zusammenhält, wenn man sie zwischen den Fingern zusammendrückt. Wenn nicht, 1–2 EL Wasser hinzufügen.

3 Den Teig in eine mit Backpapier ausgelegte flache Backform verteilen. Mit sauberen Fingern gut anpressen, damit die Masse am Schluss gut zusammenhält.

4 Nach Belieben mit Schokostückchen und/oder Kokos-Chips dekorieren. Die Chips sorgfältig andrücken, damit sie nicht herunterfallen. Für mindestens 15 Min. kalt stellen, danach in Riegel schneiden.

PRO RIEGEL, CA. 45 G: 192 KCAL – 6 G PROTEIN – 20 G KOHLENHYDRATE (16 G ZUCKER, 4 G BALLASTSTOFFE) – 10 G FETT (1 G UNGESÄTTIGT)

ERDNUSS-PROTEINRIEGEL
ohne Proteinpulver

Ein Proteinriegel ohne Proteinpulver? Ja, mit Absicht! Pflanzliches Proteinpulver hat leider oft die Eigenschaft, eine unangenehm mehlige Konsistenz im Mund zu hinterlassen. Deshalb benutze ich es bei meinen Rezepten nur sparsam – was einem hohen Eiweißgehalt natürlich nicht zugutekommt. Für dieses Rezept habe ich proteinreiche Zutaten wie Mandelmehl und Erdnussmus kombiniert und die 20 g Protein pro 100 g geknackt!

Ca. 4 Stück / Ca. 30–80 Min.

- 10 g Erdnussmus
- 45 g Mandelmehl
- 45 g Banane (geschält)
- 1 TL Ceylon-Zimtpulver
- 1/3 TL Salz
- 20 g Buchweizen
- 30 g Haferflocken
- 5 g Kokosblütenzucker oder Honig, optional mehr
- 15 g Rosinen (ungeschwefelt) oder vegane Schokolade

TOPPING:
- 30 g Erdnussmus

Info

* Mandelmehl ist nicht das Gleiche wie gemahlene Mandeln! Das Mehl wird in der Produktion teilentölt und hat starke 50 g Protein auf 100 g.

1 Erdnussmus, Mandelmehl, Banane, Zimt und Salz in einem Food Processor zu einer einheitlichen Masse verarbeiten. Buchweizen und Haferflocken dazugeben und kurz pulsieren. Es sollten noch grobe Stücke bleiben.

2 Mit Kokosblütenzucker oder Honig abschmecken, noch mal kurz mixen. Rosinen oder lieber Schokolade? – Je nach Lust und Laune einfach mit einem Löffel untermischen.

3 Die Masse auf ein mit Backpapier ausgelegtes Backblech geben und flach drücken. Mit Erdnussmus bestreichen.

4 Roh oder gebacken? Für den direkten Verzehr schmeckt gebacken besser, da die Riegel dann besonders kross sind. Einfach im vorgeheizten Backofen für 12 Min. bei 160 Grad backen und im Anschluss schneiden. Ab dem zweiten Tag finde ich roh optimaler. Bis dahin haben sich alle Zutaten verbunden, sie sind nicht mehr ganz so weich und schmecken insgesamt süßer. Die Masse hierfür 1 Std. kühl stellen und danach schneiden.

PRO RIEGEL, CA. 50 G: 175 KCAL – 10 G PROTEIN – 18 G KOHLENHYDRATE (6 G ZUCKER, 3 G BALLASTSTOFFE) – 6 G FETT (4 G UNGESÄTTIGT)

KAFFEE-PROTEINRIEGEL
mit Orange, mal anders

Tatsächlich trinke ich keinen Kaffee, damit ich nie in die Sucht von »Ich brauche immer einen Kaffee, um Energie zu haben« rutsche – ich lieeebe aber den Geschmack. Deswegen mogel ich ab und an einen Espresso oder etwas Kaffeepulver in meine Snacks, um die Aromen genießen zu können. Verteilt auf die höhere Stückzahl geht das bestimmt in Ordnung. Kaffee mit Orange klingt womöglich etwas exotisch, macht das Ergebnis aber zehnmal interessanter. Glaub mir, ich habe es auch ohne Orange probiert – war nix.

Ca. 8 Stück / Ca. 40 Min.

- 40 g entsteinte Datteln
- 60 g Haferflocken
- 60 g Mandelmehl
- 60 g Hanfsamen
- 30 g Nussmus
- 60 ml frischer Espresso
- 1/2 TL Salz
- etwas Orangenabrieb (Bio-Qualität)
- 2 TL lösliches Kaffeepulver, 2 TL Honig oder Ahornsirup nach Belieben

TOPPING:
- 30 g Kakaonibs

1 Die Datteln in einem Food Processor zu Dattelpaste verarbeiten. Haferflocken, Mandelmehl, Hanfsamen, Nussmus, Espresso und Salz dazugeben und kurz mixen.

2 Der Abrieb einer Orangenschale ist für mich ein Muss! Taste dich langsam heran und gib erst mal ganz wenig davon in die Masse. Hier ist Bio-Qualität besonders wichtig, damit die Schale ungespritzt ist, d. h. nicht mit chemischen Pflanzenschutzmitteln behandelt wurde.

3 Jetzt geht's ans Abschmecken: Du bist Kaffee-Liebhaber und willst einen stärkeren Kaffeegeschmack? Greif zu löslichem Kaffeepulver. Nicht süß genug? Füge Honig oder Ahornsirup hinzu. Irgendwie lasch? Mehr Salz oder Orangenschalenabrieb. Dann alles noch mal kurz mixen.

4 Den Teig gleichmäßig in eine mit Backpapier ausgelegte flache Form pressen. Die Kakaonibs als Topping oben andrücken. Für mindestens 1 Std. kalt stellen, danach in Riegel schneiden und kühl aufbewahren.

PRO RIEGEL, CA. 45 G: 153 KCAL – 8 G PROTEIN – 11 G KOHLENHYDRATE (5 G ZUCKER, 4 G BALLASTSTOFFE) – 8 G FETT (4 G UNGESÄTTIGT)

DOPPELDECKER-HAFERRIEGEL
mit Schoko-Bananen-Füllung

Sieht nach einem aufwendig zubereiteten Riegel aus – ist es aber nicht! Die Basis ist schnell verrührt, die Füllung besteht ganz pur aus dunkler Schokolade und Banane. Kein Food Processor oder Ofen notwendig. Mir schmecken sie kalt am besten! Im Kühlschrank halten sie 3–4 Tage, in der Gefriertruhe einige Wochen. Vor dem Verzehr dann einfach auftauen lassen ... wobei sie leicht angefroren auch ein Genuss sind. Du kannst es dir vorstellen wie einen Haferriegel mit Eiscreme-Schicht.

Ca. 4 Stück / Ca. 30 Min.

- 80 g Haferflocken
- 20 g Honig oder Ahornsirup
- 20 g Erdnussmus
- Salz nach Belieben
- 1 EL Pflanzendrink
- 80 g Banane (geschält)
- 40 g vegane Schokolade

Tipp

* Für eine feinere Konsistenz kann man statt der Haferflocken auch Hafermehl nehmen.

1. Haferflocken, Honig oder Sirup, Erdnussmus und Pflanzendrink verrühren. Wenn das Erdnussmus ungesalzen ist, unbedingt noch 1–2 Prisen Salz dazugeben.

2. 2/3 der Mixtur in eine mit Backpapier ausgelegte Auflaufform geben und flach drücken.

3. Die Banane zerdrücken. Die vegane Schokolade in einem Topf bei mittlerer Hitze schmelzen. Den Bananenbrei dazugeben und alles verrühren.

4. Die Schoko-Bananen-Mischung über die Haferschicht geben. Anschließend die restliche Hafermischung auf der Bananenschicht verteilen.

5. Für mindestens 20 Min. in den Gefrierschrank stellen und dann die Masse in Riegel schneiden.

PRO RIEGEL, CA. 60 G: 196 KCAL – 4 G PROTEIN – 31 G KOHLENHYDRATE (14 G ZUCKER, 2 G BALLASTSTOFFE) – 6 G FETT (2 G UNGESÄTTIGT)

SCHOKO-ERDNUSS-RIEGEL

gesünder als das Original

Ich bin mir ganz sicher, dass du weißt, welche Süßigkeit mich hierzu inspiriert hat. Kleiner Tipp: Sie fängt mit »S« an … Falls es nicht geklingelt hat: Egal – probier das Rezept trotzdem aus! Ich könnte mich reinlegen, so göttlich finde ich diese Riegel.

Ca. 10 Stück / Ca. 30 Min.

FÜR DEN BODEN:
- 80 g Haferflocken
- 40 g Nüsse oder Kokosraspel
- 1 große Prise Salz
- 40 g Erdnussmus

FÜR DIE CREME:
- 160 g entsteinte Datteln
- 40 g Erdnussmus

FÜR DIE FÜLLUNG:
- 20 g ganze Erdnüsse
- 100 g vegane Schokolade

1 Für den Boden Haferflocken, Nüsse oder Kokosraspel und Salz in einem Food Processor zerkleinern. Das Erdnussmus dazugeben und alles zu einer Art Teig mischen. Falls der Teig nicht zusammenhält, sparsam löffelweise Wasser hinzugeben.

2 Die Masse ca. 5 mm dick auf den Boden einer mit Backpapier ausgelegten Form drücken.

3 Für die Creme die Datteln im Food Processor zu Dattelpaste verarbeiten. Das Erdnussmus dazugeben und alles zu einer einheitlichen Creme mixen. Als zweite Schicht auf den Hafer-Nuss-Boden geben. Die Erdnüsse auf der Creme verteilen.

4 Die vegane Schokolade in einem Topf bei kleiner Hitze schmelzen und als letzte Schicht über die Riegel geben. Die Form kann man etwas schütteln, damit sich die Schokolade besser verteilt.

5 Für 15 Min. in den Kühlschrank stellen, anschließend in Stücke schneiden. Die Riegel schmecken mir am zweiten Tag sogar noch besser! Bis dahin wurde der Boden etwas fester und die Schokolade maximal knackig.

PRO RIEGEL, CA. 45 G: 212 KCAL – 5 G PROTEIN – 25 G KOHLENHYDRATE (15 G ZUCKER, 3G BALLASTSTOFFE) – 10 G FETT (7 G UNGESÄTTIGT)

SCHOKO-PUFFREIS-RIEGEL
mit Erdnussmus

Eine hochgradig schokoladige Süßigkeit mit leckerem Crunch und Erdnussaroma. Für die ganz besonderen Momente im Leben. Was für ein Glück, dass wir andauernd »besondere Momente« erleben können! Ich gebe zu, eigentlich hatte ich das anders geplant. Ich dachte an zwei Schichten: unten Puffreis, oben Schokolade. Da ich meine Puffreis-Schicht aber nicht sorgfältig genug an die Ränder gedrückt habe, ist die Schokolade plötzlich überall hingeflossen ... was für ein Genuss! Egal, wie dein Ergebnis schlussendlich aussieht – es wird auf jeden Fall schmecken. Mit Puffreis, Erdnussmus und dunkler Schokolade kann nicht viel schiefgehen.

Ca. 6 Stück / Ca. 60 Min.

- 30 g Reissirup oder Ahornsirup
- 2 Prisen Salz
- 60 g Erdnussmus
- 30 g gepuffter Reis
- 90 g vegane Schokolade

Tipp

* Wenn du keinen gepufften Reis hast, kannst du einfach Reiswaffeln zerbröseln.

1 Reissirup oder Ahornsirup, Salz und Erdnussmus in einem Topf bei mittlerer Hitze erwärmen und vermischen. Den gepufften Reis dazugeben und alles gut umrühren.

2 Die Masse in Silikonförmchen oder in einer mit Backpapier ausgelegten Form verteilen und flach drücken. Für 15 Min. in die Gefriertruhe stellen.

3 Die Schokolade in einem Topf bei kleiner Hitze schmelzen, auf die Masse gießen und das Blech in den Kühlschrank oder die Gefriertruhe zum Aushärten stellen.

4 Vorsichtig aus den Silikonformen lösen oder in ca. 6 gleich große Stücke schneiden.

PRO RIEGEL, CA. 35 G: 181 KCAL – 4 G PROTEIN – 13 G KOHLENHYDRATE (7 G ZUCKER, 3 G BALLASTOFFE) – 12 G FETT (7 G UNGESÄTTIGT)

Süßes

4

Jaja, das mit den Süßigkeiten. Wenn man sich bewusster ernähren möchte, können Süßigkeiten anfangs eine große Hürde darstellen. Aber keine Sorge, ich habe mir etwas einfallen lassen! Ob Trüffelpralinen, ein kalorienarmes Nussmus oder ein erstaunlich leichter Crêpe mit Schokofüllung. Viele süße Snacks lassen sich mit ein paar simplen Tricks in eine gesündere Alternative verwandeln. Ich verspreche dir: Bei manchen Rezepten wirst du überrascht sein, wie unglaublich lecker gesundes Essen sein kann!

HIMBEER-SCHOKO-CUPS
3 Schichten

Schon wenn ich daran denke, läuft mir das Wasser im Mund zusammen. Mama und meinem Bruder bestimmt auch, die haben sie mir nämlich immer weggegessen. Sie schmecken genauso lecker, wie sie aussehen! Knackige Schokolade und ein gesunder Keksboden umhüllen eine fruchtige Himbeer-Explosion. Und keine Sorge, die Zubereitung dieses Gaumenschmauses ist supereinfach!

8 Stück / Ca. 25 Min.

BASIS:
- 40 g Haferflocken
- 60 g entsteinte Datteln
- 20 g Kokosraspel
- 1/2 TL Salz

FÜLLUNG:
- 60 g Himbeeren (frisch oder gefroren)
- 40 g Kokosmus

TOPPING:
- 80 g vegane Schokolade

Tipp

* Du kannst statt der Kokosraspel gerne gehackte Nüsse und statt des Kokosmuses auch Nussmus verwenden.

1 Alle Zutaten der Basis in einem Food Processor verarbeiten. Die Masse mit sauberen Fingern auf den Boden von 8 Muffinförmchen pressen. In die Mitte jeweils eine kleine Vertiefung eindrücken.

2 Frische Himbeeren waschen und trocken tupfen und ein paar von ihnen für das Topping zur Seite legen. Für die Füllung die restlichen Himbeeren mit dem Kokosmus im Food Processor pürieren und in den Vertiefungen verteilen, dabei etwas Abstand zum Rand lassen.

3 Die vegane Schokolade bei mittlerer Hitze in einem Topf schmelzen und über die Cups gießen. Die Förmchen seitlich halten und auf den Tisch klopfen, damit sich die Schokolade einfacher verteilt.

4 Die übrigen Himbeeren in kleine Stücke zerkleinern und auf der noch flüssigen Schokolade dekorativ verteilen.

5 Noch für 15 Min. in die Gefriertruhe stellen, danach können die Cups im Kühlschrank aufbewahrt werden – falls sie nicht direkt vernascht werden!

PRO CUP, CA. 40 G: 152 KCAL – 2 G PROTEIN – 13 G KOHLENHYDRATE (8 G ZUCKER, 3 G BALLASTSTOFFE) – 10 G FETT (2 G UNGESÄTTIGT)

FRISCHKÄSE-BOMBEN
außen knackig, innen weich

Ich freue mich so sehr über dieses Rezept, dass ich gar nicht weiß, wie ich anfangen soll. Außen knackige Schokolade, innen ein weicher Kern. Wie buttrig-geschmolzene Eiscreme, nur etwas fluffiger und nicht so kalt. Wie ich auf diese Idee kam? Nach dem 20. Energy Ball auf Dattelbasis habe ich in meinen Kühlschrank geschaut und gedacht: Was gibt er her, was könnte ich Außergewöhnliches machen? Das war die Geburtsstunde dieser Frischkäse-Bomben. Damit der Frischkäse nicht an den Fingern schmilzt, »musste« ich sie mit Schokolade umhüllen. Wer das nicht mag, kann sie auch ohne Coating als »Frozen Bombs« genießen.

Ca. 8 Stück / Ca. 2 1/2 Std.

▸ 80 g veganer Frischkäse
(z. B. veganer Haferaufstrich)
▸ 10 g Honig oder Ahornsirup
▸ 50 g vegane Schokolade

∗ Für weitere Sorten kannst du den Frischkäse mit Erdnussmus oder Vanille mischen!

1 Den Frischkäse mit dem Honig oder dem Sirup mischen.

2 Mit einem Löffel kleine Portionen der Creme auf einen mit Backpapier ausgelegten Teller oder in Muffinförmchen geben – ungefähr so groß, wie du deine Bomben schlussendlich haben möchtest. Keine Sorge, die Kleckse werden dabei nicht perfekt rund. Für mindestens 2 Std. in die Gefriertruhe stellen.

3 Die Schokolade in einem Topf bei kleiner Hitze schmelzen, dabei umrühren und die Streichcreme-Kleckse damit vollständig umhüllen. Lücken wollen wir nicht – wenn nötig, zweimal coaten.

4 Die Frischkäse-Bomben zum Aushärten auf ein Kuchengitter legen und bis zum Verzehr im Kühlschrank lagern.

PRO BOMBE, CA. 18 G: 62 KCAL – 1 G PROTEIN – 3 G KOHLEN-HYDRATE (2 G ZUCKER, 1 G BALLASTSTOFFE) – 5 G FETT (2 G UNGESÄTTIGT)

Süßes ◆ 127 ◆

TRÜFFELPRALINEN
aus dunkler Schokolade

Französische Schokotrüffel – das ultimative Dessert! Sie haben nichts mit dem Trüffelpilz zu tun, wurden aber aufgrund der ähnlichen Optik so genannt. Dabei handelt es sich um geschmolzene Schokolade, die man für eine buttrige Konsistenz mit einer weichen Zutat vermischt. In der klassischen Variante passiert das mit Sahne und Butter. Für unsere gesunde Abwandlung greifen wir zu Avocado: Man schmeckt sie nicht und die Konsistenz ist himmlisch!

Ca. 16 Stück / Ca. 60 Min.

- 80 g Avocado
- 120 g vegane Schokolade
- Honig oder Ahornsirup nach Belieben

TOPPING NACH BELIEBEN:
- rohes Kakaopulver, stark entölt

Tipp

* Unbedingt eine reife Avocado verwenden! Sie muss weich und einfach zu mixen sein.

1 Die Avocado halbieren, den Stein entfernen, das Fruchtfleisch herauslösen und mit einer Gabel zerdrücken.

2 Die Schokolade in einem Topf bei mittlerer Hitze schmelzen und dabei regelmäßig rühren.

3 Die flüssige Schokolade mit dem Avocadomus in einen Food Processor geben und so lange verarbeiten, bis die Masse komplett homogen ist. Wir wollen keine grünen Stückchen sehen! Abschmecken und nach Belieben mit ein bisschen Honig oder Ahornsirup süßen.

4 Das Schokomus für 30–40 Min. in den Kühlschrank stellen, damit die Masse aushärten kann.

5 Noch mal kräftig umrühren, mit sauberen Händen kleine Kugeln formen und diese nach Belieben in Kakaopulver rollen.

PRO TRÜFFEL, CA. 12 G: 50 KCAL – 1 G PROTEIN – 2 G KOHLENHYDRATE (2 G ZUCKER, 1 G BALLASTSTOFFE) – 4 G FETT (2 G UNGESÄTTIGT)

PEANUT BUTTER CUPS
nur 2 Zutaten

Da gibt es doch diese ganz bekannte Süßigkeit, die zum Verwechseln ähnlich aussieht und voller Zucker, Milchfett und E-Nummern ist. Können wir gesünder, oder? Nur zwei Zutaten und ein minimaler Aufwand trennen dich von diesem sündhaft leckeren Butter Cup. Er sieht viel komplizierter aus, als er ist. Das bekommt jeder Anfänger hin!

Ca. 4 Stück / Ca. 30 Min.

▸ 60 g vegane Schokostückchen
▸ 40 g Erdnussmus
(alternativ Mandel- oder Kokosmus)

Info

* Erdnussmus ist nicht gleich Erdnussbutter. Erdnussbutter wird oftmals Zucker, Palm- oder Sonnenblumenöl hinzugefügt. Mehr Zutaten als Erdnüsse und Salz sollten nicht auf der Zutatenliste stehen.

1 Die Schokostückchen in einem Topf bei mittlerer Hitze schmelzen. Mit den Chocolate Chips aus meinem Naturally Pam Shop dauert das z. B. nur 20 Sek.

2 Etwas geschmolzene Schokolade in vier Muffinförmchen geben, bis die Böden bedeckt sind. Anschließend wandern die Cups zum Aushärten für 10 Min. in die Gefriertruhe.

3 Für den Kern der Cups einen Klecks Erdnussmus in die Mitte geben. Pro Cup ca. 10 g.

4 Die restliche Schokolade erneut schmelzen und auf das Erdnussmus gießen. Das Erdnussmus sollte jetzt vollständig bedeckt sein. Falls das nicht der Fall ist, etwas mehr Schokolade schmelzen.

5 Nochmals für 20 Min. in die Gefriertruhe stellen, bis die Peanut Butter Cups knackig sind.

PRO CUP, CA. 25 G: 146 KCAL – 4 G PROTEIN – 5 G KOHLENHYDRATE (4 G ZUCKER, 3 G BALLASTSTOFFE) – 12 G FETT (6 G UNGESÄTTIGT)

SÜSSE ZIMTNÜSSE
aus dem Ofen

Nüsse auf dem nächsten Level! Aromatisch, abwechslungsreich und angenehm süß. Naturbelassene Nüsse sind ein idealer Snack. In den kleinen Dingern steckt unglaublich viel Energie! Wenn es dir nach etwas mehr Pep ist, hilft dieses Rezept in wenigen Minuten weiter. Allein das Rösten im Ofen entfaltet – meiner Ansicht nach – das Zehnfache der Aromen einer Nuss. Kombiniert mit etwas Süße und Zimt … ein reiner Gaumenschmaus!

Ca. 100 g / Ca. 20 Min.

- ▸ 90 g Nüsse
- ▸ 1–2 TL Ahornsirup
- ▸ 1/2 TL Ceylon-Zimtpulver
- ▸ 1 Prise Salz

✻ Hier kannst du gerne experimentieren – auch andere Gewürze eignen sich zum Verfeinern, wie z. B. Chili- oder Ingwerpulver!

1 Den Backofen auf 160 Grad vorheizen. Ein Backblech mit Backpapier auslegen.

2 Alle Zutaten in einer Schale mischen: Nüsse, Ahornsirup, Zimt, Salz. Ich habe Cashews, Mandeln und Haselnüsse verwendet. Wie immer: Wer es süßer mag, nimmt 2 TL Ahornsirup, ich mag die Nüsse mit 1 TL schon sehr gerne.

3 Die Nussmischung auf dem Backblech verteilen und 12–15 Min. im Ofen rösten. Anschließend auf dem Blech abkühlen lassen.

PRO 100 G: 547 KCAL – 27 G PROTEIN – 13 G KOHLENHYDRATE (6 G ZUCKER, 11 G BALLASTSTOFFE) – 43 G FETT (33 G UNGESÄTTIGT)

CRÊPE
mit Schoko-Bananen-Füllung

Mama hat beim Probieren gesagt: »Also, wenn das gesund ist … dann ist es perfekt.« Offen gesagt bin ich immer wieder erstaunt, wie clean und kalorienarm dieser Crêpe ist. Im Unterschied zu einem normalen Crêpe verwenden wir Buchweizen- oder Dinkelvollkornmehl statt weißem Weizenmehl, lassen den Zucker einfach weg und vernachlässigen Butter, Öl und Eier. Und, ja, das funktioniert trotzdem!

1 Stück / Ca. 10 Min.

- 20 g Buchweizen- oder Dinkelvollkornmehl
- 1 Prise Salz
- 60 g Pflanzendrink
- 1 TL Honig oder Ahornsirup
- 1 reife Banane
- 1/2 TL rohes Kakaopulver, stark entölt
- Kokosöl zum Ausbacken

TOPPINGS NACH BELIEBEN:
- gehackte Mandeln
- Heidelbeeren

Tipp

* Du kannst den Crêpe auch herzhaft befüllen und bei der Zubereitung Honig bzw. Ahornsirup weglassen!

1 Das Mehl mit Salz, Pflanzendrink und Honig oder Ahornsirup vermischen. Für eine ganz cleane Variante kannst du die Süße auch weglassen, die Füllung haut es später raus. Mit einer Gabel alles so lange vermischen, bis keine Klümpchen mehr übrig sind.

2 Den Teig 5 Min. ruhen lassen. Währenddessen die Banane schälen, ein Viertel davon in Scheiben schneiden, den Rest mit einer Gabel zerdrücken. Das Bananenmus mit dem Kakaopulver zu einer Schokocreme mischen.

3 Etwas Kokosöl in einer großen Pfanne mit glatter Oberfläche erhitzen. Ich benutze eine Keramikpfanne. Crêpe-Teig hineingeben und mit kreisförmigen Bewegungen auf der ganzen Fläche der Pfanne verteilen. 2–3 Min. ausbacken, vorsichtig wenden und ganz kurz von der anderen Seite backen, bis auch diese Seite zart gebräunt ist.

4 Den Crêpe auf einen Teller legen, mittig die Schokocreme und Bananenscheiben daraufgeben. Den Crêpe von beiden Seiten nach oben schlagen. Nach Belieben mit gehackten Mandeln und Heidelbeeren dekorieren und genießen!

PRO CRÊPE MIT FÜLLUNG: 230 KCAL – 6 G PROTEIN – 39 G KOHLENHYDRATE (15 G ZUCKER, 5 G BALLASTSTOFFE) – 5 G FETT (4 G UNGESÄTTIGT)

Süßes

GEFÜLLTE DATTELN
süßer 5-Minuten-Snack

Datteln – ein Geschenk des Orients. Datteln gehören zu meinen liebsten Süßigkeiten. Sie sind reich an natürlichem Zucker und schmecken dementsprechend sehr süß. Gleichzeitig enthalten sie viele Ballaststoffe, Mineralien und Antioxidanzien, weswegen ich sie als »gesunde« Nascherei einstufe. Die kleinen Kraftpakete werden auch »das Brot der Wüste« genannt. Es gibt über 1500 verschiedene Sorten, wobei es davon natürlich nicht alle in den Supermarkt schaffen. Ich mag die Königsdattel »Medjool« am liebsten. Sie hat eine außergewöhnlich saftige Konsistenz, schmeckt wie Karamell und zergeht weich auf der Zunge. Ein meilenweiter Unterschied zu den kleinen vertrockneten Dingern, die man sonst oft findet!

Jeweils 10 Stück / Ca. 5 Min.

CRUNCHY NUSS:
- 10 Walnusshälften
- 10 entsteinte Datteln

ZIMTIGE ORANGE:
- 50 g Nussmus (z. B. Mandelmus)
- 1/4 TL Orangenabrieb (Bio-Qualität)
- 1/4 TL Ceylon-Zimtpulver
- 10 entsteinte Datteln

ERDNUSS-SCHOKO:
- 50 g Erdnussmus
- 15 g vegane Schokostückchen
- 10 entsteinte Datteln

FRISCHKÄSE-PISTAZIE:
- 50 g veganer Frischkäse
- 10 gehackte Pistazien
- 10 entsteinte Datteln

1 Je nach Sorte alle Zutaten für die Füllung, falls nötig, mit einem Löffel gut vermischen. Falls die Walnusshälften für die Crunchy-Nuss-Datteln zu groß sein sollten, kannst du sie einfach ein bisschen zerkleinern.

2 Die Datteln aufklappen, füllen und wieder zusammenklappen. Die Nuss-Varianten kannst du bei Raumtemperatur lagern, die Version mit Frischkäse im Kühlschrank.

Mein wohl bester
SCHOKO-BANANEN-AUFSTRICH

Schmeckt wie der wohl bekannteste Nuss-Nougat-Aufstrich – nur ein bisschen anders und gesünder! Mein Schoko-Bananen-Aufstrich macht sich toll auf Porridge oder Brot. Am allerliebsten löffle ich ihn aber heimlich direkt vor dem Kühlschrank. Bananen haben im Gegensatz zu den Datteln und dem Nussmus auf viel Volumen weniger Kalorien und verleihen gleichzeitig eine dezente Süße. So haben wir das Beste aus allen Bereichen! Mit nur 300 kcal pro 100 g ist der Aufstrich auf alle Fälle kalorienärmer, als er schmeckt. Andere Nussmussorten würden natürlich auch funktionieren, bringen aber einen stärkeren Eigengeschmack mit. Viel Freude beim Löffeln!

Ca. 240 g / Ca. 10 Min.

- 50 g entsteinte Datteln
- 100 g Banane (geschält)
- 10 g rohes Kakaopulver, stark entölt
- 80 g Nussmus (z. B. Cashew- oder Haselnussmus)
- 2 Prisen Salz

1 Die Datteln in einem Food Processor zu Dattelpaste verarbeiten.

2 Alle restlichen Zutaten dazugeben und so lange mixen, bis ein glattes, einheitliches Mus entsteht.

3 Die Creme in ein Glas abfüllen, luftdicht verschließen und im Kühlschrank aufbewahren.

PRO 100 G: 300 KCAL – 7 G PROTEIN – 17 G KOHLENHYDRATE (12 G ZUCKER, 5 G BALLASTSTOFFE) – 23 G FETT (20 G UNGESÄTTIGT)

Kalorienarmes
APFEL-NUSSMUS

Ein leichtes Nussmus in der Geschmacksrichtung »Bratapfel« – mit nur 239 kcal pro 100 g! Normalerweise haut Nussmus mit saftigen 600 kcal ordentlich rein. Was nicht bedeutet, dass ich es nicht essen würde ... aber man muss schon aufpassen, dass man nicht über alle Stränge schlägt. Die Basis erhalten wir durch einen zimtig gedünsteten Apfel, der später zur Hälfte püriert wird. Gemischt mit Nussmus haben wir so viel mehr Volumen auf einen Bruchteil der Kalorien, mit ähnlich cremiger Konsistenz – plus das leckere Apfelaroma. Win-win?

Ca. 180 g / Ca. 10 Min.

- 100 g Apfel
- 30 ml Wasser
- 1/2 TL Ceylon-Zimtpulver
- 50 g Nussmus

* Du kannst jedes Nussmus benutzen! Erdnussmus hat jedoch einen starken Eigengeschmack, weswegen der Apfel nur schwach herauskommt. Auch das hat seine Vorteile.

1 Den Apfel waschen, putzen, schälen und in kleine Stücke schneiden. Die Schale schmeißen wir natürlich nicht weg: einfach snacken!

2 Die Apfelstücke bei mittlerer Hitze mit dem Wasser und Zimt 4–5 Min. andünsten. Topf oder Pfanne – beides geht. Unbedingt regelmäßig rühren.

3 Sobald die Apfelstücke schön weich sind, kannst du das Nussmus unterrühren.

4 Die Hälfte des Breis mit einem Mixer oder Pürierstab zu Mus verarbeiten. Die andere Hälfte lassen wir stückig. Beide Teile verrühren, und voilà, dein leichtes Nussmus ist fertig!

PRO 100 G: 239 KCAL – 9 G PROTEIN – 11 G KOHLENHYDRATE (9 G ZUCKER, 2 G BALLASTSTOFFE) – 17 G FETT (15 G UNGESÄTTIGT)

Süßes

FALSCHE KARAMELLCREME
in nur 12 Minuten

Eine süßliche Creme, die sich ganz zäh und lecker zieht, wenn man sie löffeln möchte. Mit dieser Idee stand ich in meiner Küche und habe nervös auf einen Geistesblitz gewartet, denn Nussmus mit Zucker wäre mir zu einfach (und kalorienreich) gewesen. Nach drei Testrunden war meine »falsche Karamellcreme« perfekt und ich bin wirklich stolz auf dieses – wenn auch simple – Ergebnis. Mit fünf natürlichen Zutaten, die du ganz bestimmt schon in deiner Küche finden kannst. Einzeln erinnern sie definitiv nicht an Karamell, aber die Kombination ist der absolute Hammer! Ein Traum auf Porridge, als Dip für Früchte oder als Brotaufstrich!

Ca. 150 g / Ca. 12 Min.

- 80 g Banane (geschält)
- 40 g Nussmus
- 1/2 TL Ceylon-Zimtpulver
- 20 g Buchweizen-, Hafer- oder Dinkelvollkornmehl
- 1–2 TL Honig oder Ahornsirup

1 Die Banane mit einer Gabel zu Mus zerdrücken. Anschließend mit dem Nussmus verrühren. Ich benutze gerne Erdnussmus.

2 Zimt und Mehl dazugeben und erneut rühren. Ich verwende am allerliebsten Buchweizenmehl, da es sehr feinkörnig ist. Hafer- und Dinkelvollkornmehl funktionieren aber auch. Die Masse sollte dann wie ein zäher Kuchenteig aussehen.

3 Die Creme mit Honig oder Ahornsirup abschmecken, bis sie die gewünschte Süße hat. Ich finde es mit der angegebenen geringeren Menge schon superlecker.

4 Die Karamellcreme für 10 Min. beiseitestellen – falls du das verkraften kannst ... Die Konsistenz wird mit der Zeit immer besser!

PRO 100 G: 295 KCAL – 7 G PROTEIN – 27 G KOHLENHYDRATE (12 G ZUCKER, 4 G BALLASTSTOFFE) – 18 G FETT (16 G UNGESÄTTIGT)

Herzhaftes

5

Es muss nicht immer süß sein – manchmal hat man einfach Lust auf salzige Snacks. Deshalb erwarten dich hier einerseits Klassiker wie Chips und Cracker, aber auch herzhafte Versionen von beliebten Snacks wie Muffins oder Riegeln. Wichtige Regeln: ohne minderwertige Öle, ohne Frittieren, ohne künstliche Zutaten. Das sind leider die Bösewichte im Supermarktregal. Dafür häufig mit einer »versteckten« Portion Gemüse, die das Ergebnis nur NOCH leckerer, fluffiger oder saftiger macht. Die Rezepte eignen sich super als Zwischenmahlzeit oder auch als Fingerfood für einen Abend mit Freunden.

BUNTE GEMÜSE-MUFFINS
ideal zur Resteverwertung

Süß, süßer und irgendwann reicht es dann auch mit süß. Wie wär's mit etwas Herzhaftem, das trotzdem ein cooler Muffin ist? Hier reichen ein paar wenige Worte: Mama und ich haben beide zum Gemüsemuffin gegriffen, obwohl es auch einen Schoko-Keks zur Auswahl gab …

Ca. 12 Stück / Ca. 40 Min.

- 160 g Zucchini
- 80 g Brokkoli
- 100 g Karotte
- 80 g Mais (gefroren oder aus dem Glas)
- 1 Handvoll Petersilie
- 2 Eier (Gr. M)
- 1 TL Salz
- 40 g Kokosöl
- 2 TL Essig oder Zitronensaft
- 160 g Haferflocken
- 1 TL Backpulver
- 1 TL Brotgewürz (Fenchel, Koriander, Anis)

Tipp

* Du kannst diese Muffins super vorbereiten, im Kühlschrank bleiben sie auf jeden Fall 1–2 Tage frisch. Sie können auch gut eingefroren werden!

1 Den Backofen auf 200 Grad vorheizen. Zucchini, Brokkoli und Karotte putzen, waschen und bei Bedarf schälen. Den Mais abtropfen lassen oder aus der Gefriertruhe holen und ca. 1 EL davon bis zum letzten Schritt für die Deko zur Seite legen.

2 Die Zucchini und Karotte raspeln oder in einem Food Processor klein hacken. Anschließend mit Küchenpapier die Flüssigkeit ausdrücken. Die Brokkoliröschen ganz klein schneiden. Die Petersilie waschen, trocken schütteln und fein hacken.

3 Die Eier trennen und das Eiklar mit 1 Prise Salz steif schlagen. Das Kokosöl schmelzen. Eigelb, Kokosöl und Essig oder Zitronensaft verrühren. Die Haferflocken im Food Processor oder Mixer zu Hafermehl verarbeiten und mit Backpulver, restlichem Salz und Brotgewürz vermischen.

4 Das ganze Gemüse mit den flüssigen und trockenen Zutaten mischen. Den Eischnee vorsichtig unterheben.

5 Die Masse auf Muffinförmchen verteilen, mit dem restlichen Mais dekorieren und im Ofen ca. 20 Min. backen. Anschließend die Muffins auf einem Gitter auskühlen lassen.

PRO MUFFIN, CA. 50 G: 105 KCAL – 3 G PROTEIN – 12 G KOHLENHYDRATE (1 G ZUCKER, 1 G BALLASTSTOFFE) – 5 G FETT (1 G UNGESÄTTIGT)

Herzhaftes

KAROTTEN-MUFFINS
ohne Eier & trotzdem saftig

Manche Rezepte gehen mir schnell von der Hand, andere etwas langsamer. Doch herzhafte Gemüse-Muffins ohne Eier ... Mannomann, das war bei diesem Kochbuch die schwerste Geburt. Je mehr Fehlversuche, desto mehr wollte ich meine Idee endlich meistern. Wieso? Muffins sollen einfach nicht immer nur süß sein – Schoko-Muffins gibt es genug auf der Welt. Doch kleine herzhafte Küchlein, bei denen Gemüseessen plötzlich Spaß macht – das findet man selten. Ein Hoch auf den sechsten Versuch – jetzt sie sind perfekt!

Ca. 12 Stück / Ca. 35 Min.

▸ 240 g Zucchini
▸ 200 g Karotte
▸ 2 Handvoll Petersilie oder Dill
▸ 60 g Kokosöl
▸ 150 g Pflanzendrink
▸ 1 EL Essig oder Zitronensaft
▸ 180 g Dinkelvollkornmehl
▸ 1 1/2 TL Backpulver
▸ 1 1/2 TL Salz
▸ 1 1/2 TL Brotgewürz

TOPPINGS NACH BELIEBEN:
▸ Sonnenblumen- oder Kürbiskerne

1 Den Backofen auf 200 Grad vorheizen.

2 Die Zucchini und Karotte putzen und schälen. Pro Muffin eine Karottenscheibe für die Deko beiseitelegen. Das Gemüse raspeln oder in einem Food Processor zerkleinern. Die Masse in einem sauberen Küchentuch ausdrücken, um Flüssigkeit zu entziehen. Die Petersilie oder den Dill waschen, trocken tupfen und hacken.

3 Das Kokosöl schmelzen. Alle flüssigen Zutaten – Pflanzendrink, Kokosöl, Essig oder Zitronensaft – mixen. Nun Dinkelmehl, Backpulver, Salz und Brotgewürz mit den Karotten- und Zucchiniraspeln und Kräutern vermischen. Die flüssigen Zutaten dazugeben und per Hand verrühren – nicht überrühren!

4 Auf Muffinförmchen verteilen und nach Belieben mit Sonnenblumen- oder Kürbiskernen und den Karottenscheiben toppen. Die Muffins 20–25 Min. im Ofen backen und auf einem Gitter auskühlen lassen.

PRO MUFFIN, CA. 60 G: 105 KCAL – 3 G PROTEIN – 11 G KOHLENHYDRATE (2 G ZUCKER, 2 G BALLASTSTOFFE) – 5 G FETT (1 G UNGESÄTTIGT)

Herzhaftes ◆ 149 ◆

WANNABE NUGGETS
mit Ketchup

Vegetarische »Chicken« aka Kichererbsen-Nuggets, selbst gemacht! Diese Kichererbsen-Nuggets haben eine top Konsistenz, die Zutaten sind erste Klasse und sie halten einwandfrei beim Braten zusammen. Mir schmeckt's, Papa schmeckt's und meinen Pam-App-Usern auch! Und das Ketchup erst … ein Traum.

Der Trend für pflanzliche Fleischersatzprodukte ist nicht zu stoppen. Leider sind sie in der Regel voll mit E-Nummern, künstlichen Aromen, Verdickungsmitteln, Sonnenblumenöl, Zucker und und und … Deshalb bin ich von diesen Produkten kein großer Fan und freue mich umso mehr, dass unsere Heimvariante derart schnell und einfach ist!

Ca. 9 Stück / Ca. 25 Min.

KETCHUP:
- 200 g Tomatenpassata
- 100 g Tomatenmark
- 2 TL weißer Essig oder Apfelessig
- 1–2 TL Ahornsirup oder Kokosblütenzucker
- 2 Prisen Salz
- Chili- oder Paprikapulver nach Belieben

NUGGETS:
- 30 g Haferflocken
- 150 g Kichererbsen aus dem Glas
- 50 g Zucchini
- 1 Ei (Gr. M)
- 1/2 TL Salz

1 Für das Ketchup Passata, Tomatenmark, Essig, Ahornsirup oder Kokosblütenzucker und Salz in einem Topf zum Kochen bringen. Für ein scharfes Ketchup auch Chili- oder Paprikapulver. Für 15 Min. bei mittlerer Hitze köcheln lassen, regelmäßig umrühren und anschließend abkühlen lassen.

2 Für die Nuggets die Haferflocken in einem Mixer zu Hafermehl verarbeiten. Die Kichererbsen abgießen, abbrausen und trocken tupfen.

3 Die Zucchini waschen, putzen und zerkleinern. Das kannst du mit einer Küchenreibe oder einem Food Processor machen. Die Raspel in einem Küchentuch ausdrücken, um die Flüssigkeit zu reduzieren.

4 Alles zusammen in einen Food Processor oder Mixer geben: Zucchiniraspel, Kichererbsen, Hafermehl, Ei, Salz und Gewürze. Achtung: Nicht übermixen! Wir wollen einen stückigen Teig. ▶

Herzhaftes ◆ **151** ◆

- 1/4 TL Paprikapulver
- Pfeffer nach Belieben
- Zwiebel- oder Knoblauchpulver nach Belieben
- Kokos- oder Avocadoöl

5 Eine große Pfanne mit etwas Kokos- oder Avocadoöl benetzen. Esslöffelweise Teig entnehmen, die Nuggets nebeneinandersetzen und ein bisschen flach drücken. Von beiden Seiten 3–5 Min. braten. Keine Angst, der Teig hält super zusammen!

6 Direkt genießen, in Ketchup dippen oder für die Meal-Prepping-Variante erst auskühlen lassen, danach verschlossen im Kühlschrank lagern.

Tipp

* Die Nuggets halten sich ca. 3 Tage. Vor dem Verzehr anbraten oder aufbacken. Das Ketchup ist gekühlt bis zu 1 Woche haltbar.

KETCHUP, PRO 100 G: 76 KCAL – 3 G PROTEIN – 12 G KOHLENHYDRATE (10 G ZUCKER, 2 G BALLASTSTOFFE) – 1 G FETT (1 G UNGESÄTTIGT)

NUGGETS, PRO STÜCK, CA. 30 G: 47 KCAL – 2 G PROTEIN – 5 G KOHLENHYDRATE (1 G ZUCKER, 2 G BALLASTSTOFFE) – 2 G FETT (1 G UNGESÄTTIGT)

HERZHAFTE NUSSRIEGEL

es muss nicht immer süß sein

Stopp mal – ein herzhafter Riegel? Aber hallo, nach all meinen Rezepten für süße Riegel kam bei mir die Frage auf, wieso salzige Snacks nicht auch in Riegelform daherkommen. Selbst meine Internetrecherche stieß auf keinerlei Ergebnisse. Will die Menschheit das nicht essen? Das werde ich erst wissen, wenn ich euer Feedback zu diesem Kochbuch bekomme. Vielleicht lag das Problem aber auch darin, dass niemand wusste, wie man den Riegel ohne Sirup oder Datteln zum Kleben bringt. Mir ist da was eingefallen!

Ca. 6 Stück / Ca. 50 Min.

- 1 Ei (Gr. M)
- 70 g Nüsse
- 70 g Kerne
- 10 g gepuffter Reis
- Chiliflocken nach Belieben
- 1 TL Paprikapulver
- 1/3 TL Salz

* Gepuffte Lebensmittel sind besonders knusprig! Da z. B. Puffreis optisch neben den Nüssen nicht auffällt, kann man ihn super untermischen und das Ergebnis luftiger machen.

1. Den Backofen auf 150 Grad vorheizen und ein Backblech mit Backpapier auslegen.

2. Das Ei mit einer Gabel verquirlen.

3. In einer Schüssel Nüsse, Kerne und gepufften Reis mischen. Ich habe einen Mix aus Mandeln, Pekannüssen, Sonnenblumen- und Kürbiskernen verwendet.

4. Ei und Gewürze dazugeben. Je nach Vorliebe mehr, weniger oder gar keine Chiliflocken verwenden. Die Masse gleichmäßig auf dem Backblech verteilen.

5. Im vorgeheizten Ofen 30–40 Min. backen, auf einem Gitter auskühlen lassen und in Riegel schneiden.

PRO RIEGEL, CA. 30 G: 154 KCAL – 9 G PROTEIN – 3 G KOHLENHYDRATE (1 G ZUCKER, 3 G BALLASTSTOFFE) – 12 G FETT (9 G UNGESÄTTIGT)

CRUNCHY KICHERERBSEN

extra knusprig

Sie krachen beim Beißen, schmecken lecker würzig und erinnern an Frittiertes aus der Tüte. Knusprig gebackene Kichererbsen sind der perfekte herzhafte Snack für einen Abend auf dem Sofa, als Fingerfood für Gäste oder einfach als Nervennahrung bei der Arbeit. Allerdings knuspern sie so sehr, dass man alle Mitmenschen neidisch machen wird ... außer, du willst teilen. Übrigens hauen sie kalorientechnisch überhaupt nicht rein, weswegen man sie super nebenher essen kann – den »bewussten Genuss« können wir hier mal außer Acht lassen.

1 Portion / Ca. 40 Min.

- 250 g Kichererbsen aus dem Glas
- 1 TL Kokosöl
- 1 TL Paprikapulver
- 1/2 TL Salz
- Kreuzkümmelpulver nach Belieben

Tipp

* Weniger Öl ist mehr. Wenn du zu viel verwendest, werden sie nicht mehr knusprig!

1 Den Backofen auf 200 Grad vorheizen. Ein Backblech mit Backpapier auslegen.

2 Die Kichererbsen in einem Sieb abbrausen, abtropfen und trocknen lassen. Anschließend die Kichererbsen auf dem Backblech verteilen und für 15 Min. in den vorgeheizten Ofen schieben.

3 Das Kokosöl in einem kleinen Topf erhitzen und mit den Gewürzen mischen. Kreuzkümmel schmeckt sehr intensiv – kann man mögen oder nicht. Paprikapulver und Salz schmecken alleine auch schon super! Die Kichererbsen aus dem Ofen holen. In den Topf mit dem Kokosöl und den Gewürzen geben und rühren, bis alles gleichmäßig benetzt ist.

4 Erneut 10–15 Min. backen, bis die Kichererbsen schön braun und kross aussehen. Achtung, in den letzten Momenten können sie schnell verbrennen!

PRO PORTION: 368 KCAL – 18 G PROTEIN – 39 G KOHLENHYDRATE (1 G ZUCKER, 18 G BALLASTSTOFFE) – 12 G FETT (7 G UNGESÄTTIGT)

Herzhaftes

KARTOFFELCHIPS

kalorienarm & kinderleicht

Die guten, alten Kartoffelchips! Wenn man einmal damit anfängt, kann man nicht mehr aufhören, sie zu essen. Aber warum sind die konventionellen Chips überhaupt ungesund? Das liegt an der Zubereitungsart: dem Frittieren. Das gute Gemüse wird meist mit Öl, das industriell teilgehärtet wurde, knusprig gemacht. Dabei entstehen auch gesundheitsschädliche Transfettsäuren. Ab sofort alles kein Problem mehr – mit unseren selbst gemachten Kartoffelchips. Wir backen sie mit Gewürzen und ein bisschen Olivenöl im Ofen. So können die Kartoffeln gesund bleiben!

Ca. 100 g / Ca. 60 Min.

▸ 350 g Kartoffeln
▸ 1 TL Olivenöl
▸ Salz, Pfeffer & Paprikapulver edelsüß nach Belieben

Tipp

* Diese Kartoffelchips eignen sich auch super als Beilage oder Alternative zu Pommes.

1 Den Backofen auf 150 Grad (Ober-/Unterhitze) vorheizen. Hier ist es besser, auf Umluft zu verzichten, damit die Chips schön kross werden. Ein Backblech mit Backpapier auslegen.

2 Die Kartoffeln waschen, schälen und in hauchdünne Scheiben schneiden. Die Kartoffelscheiben mit dem Olivenöl und den Gewürzen in einer Schüssel vermengen, bis alles gut durchmischt ist. Anschließend auf dem Backblech verteilen und aufpassen, dass sie sich nicht überlappen.

3 Das Blech in den vorgeheizten Backofen schieben und die Chips ca. 50 Min. backen. Sobald die Ränder braun werden, sind sie fertig. Gut aufpassen – das geht in den letzten Minuten sehr schnell. Abkühlen lassen und genießen!

PRO 100 G: 278 KCAL – 7 G PROTEIN – 55 G KOHLENHYDRATE (2 G ZUCKER, 4 G BALLASTSTOFFE) – 3 G FETT (2 G UNGESÄTTIGT)

GEMÜSECHIPS
aus dem Ofen

Kartoffelchips sind auch Gemüsechips – das stimmt. Aber Chips sind so toll, da können Kartoffeln nicht die einzige Sorte bleiben, die wir in knusprige Scheiben verwandeln. Viel Freude beim gesunden Knabbern!

1 Portion / Ca. 30 Min.

- *100 g Rote Bete, roh*
- *100 g Süßkartoffel*
- *100 g Karotte*
- *100 g Zucchini*
- *1 TL Kokosöl*
- *Salz & Pfeffer*

1 Den Backofen auf 220 Grad vorheizen. Ein Backblech mit Backpapier auslegen.

2 Rote Bete, Süßkartoffel und Karotte putzen oder schälen, die Zucchini waschen und putzen. Das Gemüse in ganz dünne, möglichst gleichmäßige Scheiben schneiden. Rote Bete, Süßkartoffel und Karotte in einer Schale mit dem geschmolzenen Kokosöl, Salz und Pfeffer mischen. Anschließend auf dem Backblech verteilen. Das Gemüse sollte sich nicht überlappen. Ab in den Ofen damit!

3 Nach 10 Min. alle Scheiben einmal wenden, die Zucchinischeiben auch mit etwas Öl und Salz mischen und mit auf das Blech legen. Die Chips in weiteren 5–15 Min. knusprig backen – das hängt von der Dicke deiner Scheiben ab. In den letzten Minuten unbedingt aufpassen – die Chips können schnell verbrennen! Du kannst zwischendurch auch probieren, ob die Chips für deinen Geschmack schon kross genug sind – dann können sie zum Abkühlen aus dem Ofen genommen werden.

4 Falls du vorhin etwas zu sparsam mit den Gewürzen warst, kannst du auch jetzt noch mal nachwürzen. Nichts ist einfacher als das!

PRO PORTION: 238 KCAL – 5 G PROTEIN – 42 G KOHLENHYDRATE (10 G ZUCKER, 9 G BALLASTSTOFFE) – 5 G FETT (3 G UNGESÄTTIGT)

Tipp

* Öffne während der Zubereitung ab und zu kurz die Backofentür – so kann entstandener Wasserdampf entweichen und die Chips werden richtig kross.

Herzhaftes ♦ 161

SELLERIE-ERDNUSS-STICKS

»Ants on a log«

Sellerie mit Erdnussmus und Rosinen – klingt komisch, oder? Tatsächlich schmeckt die Kombination von süß, salzig und knackigem Gemüse überraschend gut. In diesem Moment muss ich an Papa denken, der immer Salzstängel mit Schokolade gegessen hat. Sellerie-Sticks mag er garantiert nicht, aber das muss ja nichts heißen.

Die Rezeptidee stammt nicht von mir – ich habe sie in einem Kochbuch für Kinder gesehen, dessen Ziel es war, Gemüse spaßiger zu gestalten. Später habe ich herausgefunden, dass der Snack schon im Jahre 1950 »erfunden« wurde und heute von Gesundheitsinstituten empfohlen wird. Der Erfinder ist nicht bekannt, aber ich bin sicher, dass wir uns bei ein paar Sellerie-Erdnuss-Sticks gut verstanden hätten.

Ca. 10 Stück / Ca. 10 Min.

- 100 g Stangensellerie
- 50 g Erdnussmus

TOPPING NACH BELIEBEN:

- 20 g Rosinen (ungeschwefelt)

······· *Tipp* ·······

✳ Wer keine Rosinen mag, kann mit Beeren, Schokolade, Oliven oder Nüssen dekorieren.

1 Den Stangensellerie waschen, putzen und trocken tupfen. Die Stangen in ungefähr 10 cm lange Sticks schneiden.

2 Die Sticks mit Erdnussmus bestreichen.

3 Nun nach Lust und Laune dekorieren. Am liebsten verwende ich Rosinen. Ich finde die Kombination aus Gemüse, salzig und süß total lecker!

PRO STANGE, CA. 17 G: 30 KCAL – 2 G PROTEIN – 1 G KOHLENHYDRATE (1 G ZUCKER, 1 G BALLASTSTOFFE) – 3 G FETT (2 G UNGESÄTTIGT)

Herzhaftes

KRÄUTERNÜSSE
im Ofen gebacken

Unterschätze dieses Rezept nicht – es ist der Knüller! Die Zubereitung ist kinderleicht und das Ergebnis bestimmt zehnmal aufregender als naturbelassene Nüsse. Kräuternüsse sind eine wunderbare Idee für den kleinen Hunger zwischendurch, als Fingerfood für Gäste oder für jenen Moment, in dem man eigentlich etwas Süßes will, sich aber schweren Herzens für eine zuckerarme, salzige Variante entscheidet … und dann überraschenderweise zufriedengestellt ist. Kleine Anekdote: Es standen Kekse, Energy Balls und Kräuternüsse auf dem Tisch. Und Mama sagte: »Mhhhh, ich bringe Papa die Nüsse mit, die schmecken ihm garantiert.«

Ca. 100 g / Ca. 20 Min.

- 5 g gerebelte Kräuter (oder 1 kleine Handvoll frische Kräuter)
- 90 g Nüsse
- 1 TL Olivenöl
- 1/2 TL Salz

Tipp

* Kräuternüsse kannst du auf Vorrat backen und mehrere Wochen luftdicht verschlossen aufbewahren.

1 Den Backofen auf 160 Grad vorheizen. Ein Backblech mit Backpapier auslegen.

2 Falls du frische Kräuter verwendest: Die Kräuter waschen, trocken tupfen und klein hacken. Ich hatte gerade Rosmarin und Thymian zu Hause.

3 Nüsse, Olivenöl, Salz und Kräuter mischen. Ich habe einen bunten Mix aus Walnüssen, Mandeln, Cashewkernen, Haselnüssen und Pekannüssen verwendet.

4 Die Nüsse auf dem Backblech verteilen und 12–15 Min. backen. Auf dem Blech abkühlen lassen.

PRO 100 G: 607 KCAL – 27 G PROTEIN – 7 G KOHLENHYDRATE (2 G ZUCKER, 11 G BALLASTSTOFFE) – 53 G FETT (41 G UNGESÄTTIGT)

PISTAZIEN-CRACKER
mit Sesam

Diese Cracker widme ich Mama und Dennis! Sie sind die großen Pistazien-Fans in unserer Familie. Pistazien sind definitiv teurer als Erdnüsse oder Cashews, haben aber einen sehr außergewöhnlichen Geschmack, für den wir gerne ein paar Euro mehr ausgeben. Der Legende nach waren die grünen Steinfrüchte eine königliche Speise und demnach den Adelshäusern vorbehalten. Auch die Römer liebten Pistazien. Und wie sieht es mit dir aus?

Ca. 120 g / Ca. 50 Min.

- 50 g Pistazien
- 1 Ei (Gr. M)
- 50 g Sesam
- 1/3 TL Salz
- 1 TL getrocknete Kräuter

Info

*Augen auf beim Pistazienkauf: sie sind besonders anfällig für giftige Schimmelpilze, die man mit bloßem Auge nicht erkennt. Man sollte Pistazien in der Schale und mit einer leuchtend grünen Farbe bevorzugen. Muffig schmeckende Nüsse nicht mehr essen.

1 Den Backofen auf 150 Grad vorheizen. Ein Backblech mit Backpapier auslegen.

2 Die Pistazien mit einem Messer klein hacken oder in einem Food Processor kurz pulsieren.

3 Das Ei mit einer Gabel verquirlen. Sesam, gehackte Pistazien, Salz und getrocknete Kräuter mit dem Ei vermischen.

4 Auf dem Backblech ausstreichen – ich mag es ziemlich dünn, ca. 3 mm. Darauf achten, dass alles gleichmäßig verteilt ist, sonst sind manche Stellen schneller fertig als andere.

5 Die Cracker 30–35 Min. backen, danach auf einem Gitter auskühlen lassen und in Stücke brechen.

PRO 100 G: 537 KCAL – 23 G PROTEIN – 17 G KOHLENHYDRATE (3 G ZUCKER, 9 G BALLASTSTOFFE) – 44 G FETT (34 G UNGESÄTTIGT)

Herzhaftes

SAATEN-CRACKER
Low Carb

Wunderbar würzige Cracker, ohne Mehl und (fast) ohne Kohlenhydrate. Sie schmecken wirklich unglaublich gut – viel besser, als sie aussehen. In der Hoffnung, dich noch mehr überzeugen zu können: Auch Dennis mag sie. Bei der Zubereitung mischen wir allerlei Kerne und Samen und machen uns deren natürliche Quellkraft mit Wasser zunutze. Somit brauchen wir kein zusätzliches Bindemittel wie Ei oder Sirup. Zum Servieren brauchst du auch nicht viel – sie schmecken pur. Aber wenn du unbedingt möchtest, kannst du sie natürlich in meinen Oliven-Frischkäse-Aufstrich von Seite 181 dippen.

Ca. 100 g / Ca. 1 1/2 Std.

- 25 g Chia- oder Leinsamen
- 25 g Kürbiskerne
- 25 g Sonnenblumenkerne
- 25 g Sesam
- 1/3 TL Salz
- 80 ml Wasser

* Du kannst die Cracker auf Vorrat backen und bis zu 3 Wochen aufbewahren!

1 Alle Samen, Kerne und Saaten mit dem Salz und dem Wasser in einer Schüssel gut vermischen und 20 Min. quellen lassen.

2 Den Backofen auf 160 Grad vorheizen. Ein Backblech mit Backpapier auslegen.

3 Die Masse auf das Backblech ausstreichen. Darauf achten, dass es überall gleich dick ist, sonst sind manche Stellen früher fertig als andere.

4 Die Cracker ca. 30 Min. backen, in Rechtecke schneiden und noch mal 20–25 Min. backen. Fertig gebacken lassen sie sich nicht mehr schneiden – also überspringe diesen Schritt nicht! Nach dem Backen vollständig auskühlen lassen.

PRO 100 G: 524 KCAL – 26 G PROTEIN – 12 G KOHLENHYDRATE (9 G ZUCKER, 13 G BALLASTSTOFFE) – 40 G FETT (33 G UNGESÄTTIGT)

HAFER-KNÄCKEBROT
mit Oliven

Langweilig war gestern – Knäckebrot kann man in so vielen tollen Varianten genießen! Diese Cracker punkten durch die weichen Oliven, auf die man ab und zu beim Knabbern stößt. Zusammen mit den Kernen und Kräutern schmecken sie so aromatisch, dass ich dieses Knäckebrot gar nicht als »Untergrund« für viel Aufstrich deklarieren würde. Ich esse es gerne pur oder gedippt in meinem Tomaten-Aufstrich (siehe Rezept Seite 179).

Ca. 300 g bzw. 8 Scheiben /
Ca. 65 Min.

- 200 g Haferflocken
- 60 g entsteinte Oliven
- 40 g Kerne (Kürbis- oder Sonnenblumenkerne)
- 2 TL getrocknete oder 3 EL frisch gehackte Kräuter
- 1/2 TL Salz
- 200 ml Wasser

.... *Tipp* ....

* Den Teig möglichst gleichmäßig ausstreichen, sonst sind die dicken Stellen innen noch weich und die dünnen Teile zu kross.

1 Den Backofen auf 160 Grad vorheizen. Ein Backblech mit Backpapier auslegen.

2 50 g Haferflocken (ca. 5 EL) in einem Food Processor zu Hafermehl verarbeiten. Die Oliven in Scheiben schneiden. Ein paar Olivenscheiben und Kerne für das Topping beiseitelegen, den Rest mit den übrigen Zutaten und dem Wasser mischen.

3 Den Teig auf dem Blech ca. 5 mm dick ausstreichen und die restlichen Olivenscheiben und Kerne darauf verteilen. Im Backofen ca. 15 Min. backen, dann das Blech kurz herausholen und den Teig mit einem Messer in gewünschte Stücke schneiden, denn nach dem Backen kann man das Knäckebrot nicht mehr schneiden.

4 Noch mal 40 Min. backen. Zum Auskühlen die Stücke auf ein Gitter legen, damit sie von unten nicht schwitzen und aufweichen.

PRO 100 G: 337 KCAL – 11 G PROTEIN – 49 G KOHLENHYDRATE (1G ZUCKER, 5 G BALLASTSTOFFE) – 10 G FETT (7 G UNGESÄTTIGT)

Herzhaftes

Einfache ROSMARIN-CRACKER

Mit nur sechs Zutaten kannst du deine eigenen Cracker backen … wobei Wasser und Salz eigentlich nicht zählen. Also noch mal: Du bist nur vier Zutaten und fünf Kochschritte davon entfernt, das perfekte Fingerfood aus deinem Ofen zu holen! Für den kleinen Hunger zwischendurch, in der Vesperbox, auf einer Buffet-Platte mit Dips oder als Chips-Ersatz im Heimkino. Lass es knuspern!

Ca. 170 g / Ca. 50 Min.

- 100 g Vollkornreismehl
- 30 g gemahlene Mandeln
- 2 TL gerebelter Rosmarin
  - 15 ml Olivenöl
  - 60 ml Wasser
  - 1/2 TL Salz

Tipp

* Die Cracker kann man super in den Oliven-Frischkäse-Aufstrich (Seite 181) oder in den Tomaten-Aufstrich (Seite 179) dippen!

1 Den Backofen auf 165 Grad vorheizen. Die trockenen Zutaten vermengen. Olivenöl, Wasser und Salz dazugeben. Mit sauberen Händen zu einem geschmeidigen Teig kneten und diesen 20 Min. ruhen lassen. So kann das Reismehl quellen und schmeckt am Ende weniger bröselig.

2 Den Teig auf Backpapier ca. 5 mm dick ausrollen oder andrücken. Ich habe es einfach mit den Händen gemacht. Wenn es zu sehr kleben sollte, ein bisschen Mehl darüberstreuen.

3 Mit einem Messer oder Pizzaroller den Teig in kleine Quadrate schneiden. In jeden Cracker mit einer Gabel dekorative Löcher einstechen.

4 Das Backpapier mit dem Teig vorsichtig auf das Ofengitter in den Ofen legen und 20–25 Min. backen. Die Cracker sind fertig, wenn sie leicht gebräunt, innen nicht mehr teigig und trotzdem noch nicht ganz hart sind. Sie härten nach, wenn sie abkühlen.

PRO 100 G: 384 KCAL – 9 G PROTEIN – 41 G KOHLENHYDRATE (20 G ZUCKER, 2 G BALLASTSTOFFE) – 20 G FETT (17 G UNGESÄTTIGT)

Herzhaftes

SCOTTISH OATCAKES
nur mit Haferflocken

Oatcakes gehören zu den Schotten wie das Baguette zu den Franzosen. Hafertaler sind seit rund 2000 Jahren ein fester Teil der schottischen Küche. Selbst Soldaten haben sie unterwegs zubereitet, um Kraft zu tanken und ihren Magen zu beruhigen ... Bis heute sind die knusprigen Cracker in vielen Teilen der Welt verbreitet, werden zum Frühstück mit Marmelade oder Käse serviert oder in Lunch-Boxen gepackt. In Deutschland konnte ich sie leider nie finden, deshalb backen wir sie jetzt einfach selbst.

Ca. 16 Stück / Ca. 50 Min.

‣ 320 g Haferflocken
‣ 1 TL Salz
‣ 40 g Kokos- oder Rapsöl
‣ 140 ml heißes Wasser

* Du kannst sie pur snacken, mit süßen Aufstrichen bestreichen oder herzhaft belegen! Wie Brot – nur knuspriger.

PRO OATCAKE, CA. 20 G: 91 KCAL – 2 G PROTEIN – 15 G KOHLENHYDRATE (1 G ZUCKER, 1 G BALLASTSTOFFE) – 3 G FETT (1 G UNGESÄTTIGT)

1 Den Backofen auf 180 Grad vorheizen und ein Backblech mit Backpapier auslegen.

2 Die Hälfte der Haferflocken in einem Food Processor zu Hafermehl mixen. 1 EL vom Hafermehl beiseitestellen, wir brauchen es später zum Ausrollen des Teigs.

3 Die andere Hälfte der Haferflocken, das Hafermehl, Salz und Öl in einer Schüssel mischen. Das heiße Wasser dazugeben und alles zu einem einheitlichen Teig kneten. Keine Sorge, wenn es sich am Anfang zu feucht anfühlt – das gibt sich gleich beim Kneten!

4 Das übrige Hafermehl auf einer glatten Oberfläche verteilen, den Teig darauf ca. 5 mm dick ausrollen oder mit mehligen Händen flach drücken.

5 Mit einem Keksausstecher Kreise ausstechen. Ich habe einfach die Öffnung eines Trinkglases verwendet! Den Rest des Teiges zusammenkneten, ausrollen und wieder Kreise ausstechen, bis kein Teig mehr übrig ist. Auf das Backblech legen und mit einer Gabel dekorativ Löcher einstechen. 15 Min. backen. Die Kekse umdrehen und noch mal 10 Min. backen. Auf einem Kuchengitter auskühlen lassen.

Herzhaftes

SONNENBLUMEN-OATCAKES

mein Favorit

Die aufgepeppte Version der Scottish Oatcakes. Die Geschichte der klassischen Hafertaler habe ich dir ja bereits im vorherigen Rezept erzählt. Ich finde sie super und möchte ihnen hiermit keine Konkurrenz machen, dir aber trotzdem meine favorisierte Version vorstellen. Die Mischung aus Haferflocken und Sonnenblumenkernen macht unser Ergebnis etwas weicher und weniger bröselig. Du kannst sie genauso mit Süßem oder Herzhaftem belegen, pur snacken oder in Aufstriche dippen. Natürlich haben sie pro Taler plötzlich mehr Kalorien, da in den kleinen Sonnenblumenkernen ganz viel Energie steckt. Aber vielleicht brauchst du diese ja für deinen anstrengenden Tag?

Ca. 16 Stück / Ca. 50 Min.

- ▸ 200 g Haferflocken
- ▸ 100 g Sonnenblumenkerne
- ▸ 140 ml heißes Wasser
- ▸ 1 TL Salz

* Du kannst für grünliche Taler statt der Sonnenblumenkerne auch Kürbiskerne verwenden!

PRO OATCAKE, CA. 20 G: 83 KCAL – 3 G PROTEIN – 9 G KOHLENHYDRATE (1 G ZUCKER, 1 G BALLASTSTOFFE) – 37 G FETT (3 G UNGESÄTTIGT)

1 Den Backofen auf 180 Grad vorheizen und ein Backblech mit Backpapier auslegen.

2 Die Haferflocken in einem Food Processor zu Hafermehl mixen. 1 EL vom Hafermehl beiseitestellen, wir brauchen es später zum Ausrollen des Teigs.

3 Die Sonnenblumenkerne zu den Haferflocken geben und wieder zerkleinern. Beides mit dem heißen Wasser und dem Salz mischen und zu einem einheitlichen Teig kneten.

4 Das übrige Hafermehl auf einer glatten Oberfläche verstreuen, den Teig darauf ca. 5 mm dick ausrollen oder mit mehligen Händen flach drücken. Mit einem Keksausstecher oder der Öffnung eines Trinkglases Kreise ausstechen. Den Rest des Teiges zusammenkneten, ausrollen und wieder Kreise ausstechen, bis kein Teig mehr übrig ist. Auf das Backblech legen und mit einer Gabel dekorativ Löcher einstechen.

5 Die Oatcakes 15 Min. backen. Dann die Kekse umdrehen und noch mal 10 Min. backen. Auf einem Kuchengitter auskühlen lassen.

Herzhaftes

TOMATEN-AUFSTRICH
schmeckt nach mediterranem Urlaub

Perfekt zu Brot, Crackern, als Dip für Gemüse, als ein leckerer Klecks auf deinem Salat oder als Grundlage einer Sauce. Herzhafte Aufstriche gehören für die meisten Menschen einfach dazu, aber ich habe es im Supermarkt oft schwer, einen passenden für mich zu finden. Ein Blick auf die Zutaten lohnt sich immer! Minderwertiges Sonnenblumenöl ist beinahe Standard und auch Zuckerzusatz ist gang und gäbe. Wer zu Hause mixt, weiß genau, was drin ist!

Ca. 200 g / Ca. 45 Min.

- 100 g Cashewkerne
- 30 g getrocknete Tomaten
- 50 g Pflanzendrink
- 30 g Tomatenpassata
- 1 TL getrockneter Oregano

Tipp

* Keine Passata im Vorratsschrank? Tomatenmark mit etwas Wasser verdünnen funktioniert auch!

1 Cashewkerne und getrocknete Tomaten für mindestens 30 Min. in heißem Wasser einlegen. Je härter und ausgetrockneter sie sind, desto länger müssen sie ziehen. Abgießen und unter fließendem Wasser abspülen. Mit den restlichen Zutaten in einem Food Processor verarbeiten. Ab und zu das Gerät abschalten und die Masse von den Gefäßrändern Richtung Klinge schieben, damit alle Zutaten erwischt werden.

2 Zwischendurch den Aufstrich immer wieder mal abschmecken: Getrocknete Tomaten können je nach Hersteller sehr salzig sein. Wenn es zu salzig schmeckt, gibt man als schnelle Lösung noch mehr Cashewkerne, neutrales Nussmus oder Pflanzendrink dazu.

3 Die Masse weitermixen. Es kann einige Minuten dauern, bis man eine cremige Aufstrich-Konsistenz erreicht. In ein Glas abfüllen, verschließen und im Kühlschrank aufbewahren.

PRO 100 G: 322 KCAL – 12 G PROTEIN – 19 G KOHLENHYDRATE (5 G ZUCKER, 2 G BALLASTSTOFFE) – 22 G FETT (20 G UNGESÄTTIGT)

FRISCHKÄSE-AUFSTRICH
mit Oliven, superschnell gemacht

Manchmal sind es die kleinen Tricks im Leben. Natur-Frischkäse ist lecker. Aber weißt du, was noch leckerer ist? Oliven-Frischkäse! In nur 5 Minuten kannst du deine Grundzutat zu einem richtig peppigen Aufstrich verwandeln. Auf Brot, zu Crackern, Oatcakes oder mit Gemüse – Frischkäse überzeugt immer.

PS: Frischkäse übrig? Schau dir die Frischkäse-Bomben auf Seite 127 an!

Ca. 200 g / Ca. 5 Min.

- 100 g entsteinte Oliven (eingelegt)
- 100 g veganer Frischkäse (z. B. auf Cashew- oder Haferbasis)
- 1 TL getrocknete Kräuter
- etwas Salz & Pfeffer

* Zu salzig? Mehr Frischkäse dazugeben. Zu fad? Etwas Pfeffer oder mehr Kräuter unterrühren.

1 Die Oliven abtropfen lassen. Meine sind in Zitronensaft eingelegt. Andere Versionen mit Olivenöl gehen natürlich auch, dann unterscheiden sich allerdings die Nährwerte.

2 Frischkäse, Oliven und Kräuter in den Food Processor geben und verarbeiten. Ein Pürierstab würde an dieser Stelle auch funktionieren. Ich habe übrigens Kräuter der Provence verwendet. Diese Mischung besteht unter anderem aus Rosmarin, Thymian und Oregano.

3 Zum Schluss nach Belieben mit etwas Salz und Pfeffer abschmecken und bis zum Verzehr verschlossen im Kühlschrank aufbewahren.

PRO 100 G: 182 KCAL – 4 G PROTEIN – 4 G KOHLENHYDRATE (1 G ZUCKER, 0 G BALLASTSTOFFE) – 18 G FETT (12 G UNGESÄTTIGT)

Herzhaftes

KAROTTEN-AUFSTRICH
mit Erdnussmus

Auch wenn es sich gewagt anhört, Erdnuss und Karotte sind tatsächlich ein tolles Paar! Hier vereinen wir Gemüse mit Nussmus, für eine besonders cremige Textur. Und ja, das trifft genau in alle Nussliebhaber-Herzen. Mit etwas Säure und Schärfe decken wir fast alle Aromen ab, wodurch diese Kombination ein total leckeres Geschmackserlebnis wird. Probier es selbst!

Ca. 220 g / Ca. 15 Min.

- 150 g Karotte
- 1 TL Olivenöl
- 50 ml Wasser
- 10 g Zitronensaft
- 50 g Erdnussmus
- 1 Prise Salz
- Chilipulver nach Belieben

* Vorsicht mit dem Chilipulver! Lieber mehrmals nachwürzen, damit es nicht zu scharf wird.

1. Die Karotte putzen, schälen und in Scheiben schneiden.

2. Das Olivenöl in einer Pfanne auf mittlerer Stufe erhitzen und die Karottenscheiben ca. 5 Min. anbraten.

3. Das Wasser hinzufügen. Die Karottenscheiben bei geschlossenem Deckel 3–4 Min. dünsten, bis sie gar sind, aber noch Biss haben.

4. Die abgekühlte Karotte mit der übrigen Flüssigkeit in einen Food Processor geben und zerkleinern. Wer keine Stückchen haben möchte, püriert die Masse.

5. Zitronensaft, Erdnussmus und Salz dazugeben. Alles mischen, mit Chili nach Belieben abschmecken und erneut bis zur gewünschten Konsistenz mixen. In ein Schraubglas abfüllen und bis zum Verzehr im Kühlschrank lagern.

PRO 100 G: 165 KCAL – 7 G PROTEIN – 7 G KOHLENHYDRATE (6 G ZUCKER, 4 G BALLASTSTOFFE) – 12 G FETT (10 G UNGESÄTTIGT)

Muffins, Kekse & Kuchen

Hat hier jemand »Muffins« gesagt? Auch beim Backen achte ich auf cleane Zutaten, denn Kuchen und Bauchmuskeln – das geht. Wir sparen generell Zucker ein, süßen dezent mit Datteln oder Honig, verwenden Vollkornmehl oder Haferflocken anstelle von Weißmehl, nehmen nicht ganz so viel Öl, um Kalorien zu sparen, und so weiter. Doch auch wenn die Rezepte gesünder sind als »traditionelle« Backwaren, stehen sie diesen geschmacklich in nichts nach. Sie sind höchstens weniger süß, aber das tun wir unserer Gesundheit zuliebe doch gerne. Perfekt als Nachmittagssnack, für Geburtstage oder zu einer Tasse Tee!

MUFFINS, KEKSE & KUCHEN
Good to know

Zahllose Versuche unternahm ich, den perfekten, cleanen Muffin zu kreieren. So oft habe ich gehofft, dass es dieses Mal endlich etwas wird, wenn ich eine weitere Fuhre in den Ofen geschoben habe. Saftig sollte er sein und vor allem fluffig. Gleichzeitig natürlich nicht so viel Fett oder Zucker wie ein »normaler« Muffin haben, damit er fitnessgerecht ist. Auch das vegane Backen war für mich erst mal eine Herausforderung. Damit dir das alles erspart bleibt, findest du auf den folgenden Seiten meine Tipps und Tricks!

SCHON FERTIG GEBACKEN?
Um zu prüfen, ob dein Gebackenes von innen gar ist, kannst du ganz einfach mit einem *dünnen Messer* bis zur Mitte einstechen. Bleibt nichts an der Klinge kleben, ist es gar, ansonsten muss es noch mal ein paar Minuten im Ofen bleiben.

BACKPULVER
Gerade bei glutenfreiem Mehl verwende ich auch mal Backpulver, da der Teig dadurch *fluffiger* wird. Aber nicht jedes Backpulver ist glutenfrei. Weinsteinbackpulver ist von Natur aus glutenfrei.

EI-ALTERNATIVEN
Eier erfüllen bei Muffins und Kuchen zwei Zwecke: Im Normalzustand *binden sie den Teig*, ein steif geschlagenes Eiklar, also Eischnee, macht ihn ultra *fluffig*. Falls du dich vegan ernährst oder auf Eier verzichten möchtest, findest du auf Seite 50 Alternativen.

BACKPAPIER VS. BACKMATTE
Herkömmliches Backpapier ist beschichtet, kann nicht recycelt werden und ist ein typisches Wegwerfprodukt. Aus diesem Grund habe ich mir eine *Silikon-Backmatte* angeschafft. Sie ist langlebig und bis mindestens 200 Grad hitzebeständig. Ich kann sie dir wärmstens empfehlen. Auch ein tolles nachhaltiges Geschenk!

GEMAHLENE NÜSSE
Gemahlene Nüsse kann man fertig kaufen oder *selbst herstellen*, indem man Mandeln, Cashews oder Haselnüsse in einem Food Processor oder Mixer zu einer pulvrigen Konsistenz verarbeitet. Das Ergebnis ist zwar kein Getreidemehl, hat aber ähnliche Eigenschaften. Ich verwende sie gerne *anstatt Getreidemehl* – wie bei meinen *Süßkartoffel-Bananen-Muffins*. Das Ergebnis ist unglaublich saftig und locker! Um deinen Teig luftiger zu machen, kannst du also die Hälfte des Mehls durch gemahlene Nüsse ersetzen.

GLUTENFREIE MEHLSORTEN

Weizenmehl findet man bei mir nicht – ich verwende meistens vollwertiges Dinkelvollkorn- oder glutenfreies Buchweizenmehl. Falls du noch nicht mit glutenfreien Mehlen gebacken hast: Sie benötigen etwas mehr Feuchtigkeit als glutenhaltige Mehle, zudem bilden sie – da ja das Klebereiweiß fehlt – keinen elastischen Teig und gehen beim Backen nicht von alleine auf. Hier kommt ein kleiner Überblick zu glutenfreien Mehlsorten, damit du meine Rezepte nach Belieben abwandeln kannst, falls du eine Glutenunverträglichkeit oder -sensibilität hast.

BUCHWEIZENMEHL ist trotz seines Namens nicht mit Weizen verwandt. Buchweizen enthält sämtliche essenzielle Aminosäuren, komplexe Proteine und Mineralien, daneben wichtige sekundäre Pflanzenstoffe, z. B. das antioxidative Rutin, das für Zellgesundheit sorgt. Buchweizenmehl schmeckt meiner Meinung nach ziemlich neutral.

HAFERMEHL Hafer ist günstig, lecker und richtig gesund! Du kannst das Mehl ganz einfach selbst herstellen, indem du Haferflocken im Mixer zu feinem Mehl verarbeitest. Hafer ist zwar von Natur aus glutenfrei, kann aber durch Produktionsverfahren mit Gluten in Berührung kommen. Bei einer Glutenunverträglichkeit solltest du daher nur Haferflocken oder -mehle mit der Aufschrift »glutenfrei« kaufen.

KOKOSMEHL wird aus Kokosnussfleisch gewonnen, indem es gepresst, entölt, getrocknet und gemahlen wird. Es punktet durch einen leckeren, leichten Kokosgeschmack und ist reich an vielen gesunden Ballaststoffen und Mineralien wie Zink und Eisen. Zudem ist es kohlenhydratarm und demnach für Low-Carb-Snacks bestens geeignet. Beim Backen wirst du feststellen, dass es mehr Flüssigkeit benötigt.

MANDELMEHL ist nicht zu verwechseln mit gemahlenen Mandeln. Mandelmehl ist teilentölt und viel feiner gemahlen. Mein Lieblingsfakt ist der hohe Proteingehalt! Dank der starken fast 50 g Eiweiß auf 100 g verwende ich es supergerne für Proteinriegel oder Balls. Auch für Low-Carb-Snacks ist es bestens geeignet.

REISMEHL liefert viele Mineralien, z. B. Kalium, Kalzium, Eisen und Magnesium sowie Vitamin E und Vitamine der B-Gruppe. Diese sind wichtig für den Stoffwechsel, die Nerven, zur Blutbildung und für den Hormonhaushalt. Reismehl ist mild im Geschmack und lässt sich vielseitig einsetzen. Ich finde die Konsistenz allerdings etwas bröselig, weswegen ich es nur bei Crackern gerne mag.

HAFERKEKSE
Apfel-Zimt

Apfel und Zimt sind einfach zwei unzertrennliche Aromen – ob im Apfelkuchen, Apfelstrudel oder Bratapfel. Für ein durchgängiges Apfelaroma habe ich mit Apfelmark gearbeitet, das jede Zutat der Kekse umhüllt. Die Süße kannst du beim Backen selbst abschmecken und anpassen, für die Konsistenz ist es nicht entscheidend.

Ca. 8 Stück / Ca. 30 Min.

- 60 g Apfelmark
- 1 TL Lein- oder Chiasamen
- 30 g Cashewkerne
- 80 g Haferflocken
- 1 Prise Salz
- 1 TL Ceylon-Zimtpulver
- 25 g Ahornsirup

TOPPING:
- Apfelscheiben

Info

* Unbedingt echtes Ceylon-Zimtpulver verwenden! Das günstigere Cassia-Zimtpulver enthält sehr viel Cumarin, das – in hohen Dosen eingenommen – leberschädigend sein kann.

1 Den Backofen auf 160 Grad vorheizen und ein Backblech mit Backpapier auslegen.

2 Das Apfelmark mit den Lein- oder Chiasamen mischen und beiseitestellen. So können die Samen schon etwas quellen.

3 Die Cashewkerne grob hacken. Dann mit Haferflocken, Salz und Zimt vermengen.

4 Die Apfelmark-Samen-Mischung und das Sirup dazugeben und den Kleksteig gut verrühren. An dieser Stelle bitte probieren und optional nachsüßen!

5 Den Teig löffelweise auf das Backblech setzen und mit den Apfelscheiben dekorieren. Nicht wundern, wenn die Masse zunächst schlecht zusammenhält – das ist so gewollt. Im Ofen 15–20 Min. backen und anschließend auskühlen lassen.

PRO KEKS, CA. 25 G: 77 KCAL – 2 G PROTEIN – 12 G KOHLENHYDRATE (2 G ZUCKER, 1 G BALLASTSTOFFE) – 3 G FETT (2 G UNGESÄTTIGT)

CHOCOLATE CHIP COOKIES
Mamas Rezept

Die berühmt-berüchtigten Chocolate Chip Cookies, bekannt aus etlichen Instagram-Bildern, Storys, Reposts und Livestreams! Das Rezept stammt von meiner Mama. Außen knusprig, innen schön weich. Die Kekse sind vollkommen clean und »trotzdem« superlecker. Wer noch die Augenbraue hochzieht, darf gerne Feedback bei @pamgoesnuts und @naturally_pam auf Instagram nachlesen – da gibt es eure Begeisterung schwarz auf weiß. Wir benutzen hier tatsächlich nur die Süße von überreifen Bananen. Wer seine Kekse doch noch süßer mag, kann zusätzlich Ahornsirup oder Ähnliches verwenden.

Ca. 10 Stück / Ca. 15 Min.

- ▸ 160 g reife Bananen
- ▸ 100 g Haferflocken
- ▸ 30 g Kokosraspel (alternativ gemahlene Nüsse)
- ▸ 15 g Kokosöl
- ▸ 1 TL Ceylon-Zimtpulver
- ▸ 1/2 TL Salz
- ▸ 25 g vegane Schokostückchen

✳ Frisch schmecken die Kekse am besten, am zweiten oder dritten Tag müssten sie noch mal kurz aufgebacken werden.

1 Optional, wenn deine Bananen noch nicht reif sind: Heize den Backofen auf 160 Grad vor, lege ein Backblech mit Backpapier aus und gib die Bananen mit Schale darauf. Für ein paar Minuten in den Ofen schieben. Das beschleunigt den Reifungsprozess, sodass sich die Bananen in überreife, braune und süße Bananen verwandeln. Anschließend herausnehmen und etwas abkühlen lassen, den Ofen nicht ausschalten.

2 Alle Zutaten – mit Ausnahme der Bananen und Schokostückchen – bei mittlerer bis hoher Hitze in einer beschichteten Pfanne anbraten. Nicht vergessen, regelmäßig umzurühren, da die Kokosraspel schnell verbrennen können. Durch das Braten schmecken die Kekse am Schluss intensiver und knuspriger! Anschließend abkühlen lassen.

3 Die Bananen schälen und mit einer Gabel zu Mus zerdrücken. Den gebratenen Hafer-Kokos-Mix mit dem Bananenmus vermischen. Als Nächstes kommen die Schokostückchen dazu. Ein paar davon zum Dekorieren übrig lassen. ▶

4 Kekse formen! Am besten mit einem Löffel und sauberen Fingern. Die Cookies auf das Backblech legen, nach Bedarf etwas flach drücken und mit den übrigen Schokostückchen dekorieren.

5 Die Kekse 20–30 Min. backen. Unsere sind meistens nach 25 Min. fertig.

PRO COOKIE, CA. 20 G: 99 KCAL – 2 G PROTEIN – 10 G KOHLENHYDRATE (3 G ZUCKER, 2 G BALLASTSTOFFE) – 5 G FETT (2 G UNGESÄTTIGT)

KATRIN W.

MAREN E.

JENNA G.

MICHELLE T.

...ISSA B.

CLARISSA A.

STEPHANIE W.

...EEN S.

KATRIN W.

GIULIA DI B.

...NE K.

LEONIE B.

KATRIN S. & JULIA K.

...RLENE R.

CARINA & VERA M.

Mein bester
SCHOKO-COOKIE

Papa hat gesagt, mein Schoko-Cookie erinnert ihn an diese Lava-Küchlein, die innen noch flüssig sind. Zu meiner Überraschung mag er das gar nicht. Deshalb habe ich noch mal eine Fuhre in den Ofen geschoben und länger gebacken. Dann gab es von ihm – juhu – beide Daumen nach oben. Die Zutatenliste ist ein wenig länger als gewohnt und es hat mich einige Testläufe gekostet, aber die Kekse können sich schmecken lassen!

Ca. 8 Stück / Ca. 25 Min.

- 20 g Buchweizenmehl
- 20 g Mandelmehl
- 20 g gemahlene Nüsse (z. B. Haselnüsse)
- 10 g rohes Kakaopulver, stark entölt
- 1 große Prise Salz
- 1/3 TL Backpulver
- 30 g Nussmus
- 15 g Ahornsirup
- 10 g Kokosöl
- 30 g Pflanzendrink
- 50 g entsteinte Datteln

TOPPING:
- 10 g vegane Schokostückchen

Tipp

* Wer kein Mandelmehl hat, kann die gleiche Menge an gemahlenen Nüssen verwenden!

1 Den Backofen auf 180 Grad vorheizen und ein Backblech mit Backpapier auslegen.

2 Buchweizenmehl, Mandelmehl, gemahlene Nüsse, Kakaopulver, Salz und Backpulver vermischen.

3 Nussmus, Ahornsirup, Kokosöl und Pflanzendrink dazugeben. Alles mit sauberen Händen zu einem Teig kneten. Ich habe übrigens Haselnussmus verwendet.

4 Die Datteln hacken und grob einkneten.

5 Die Masse in ca. 8 gleichmäßig große Teigbälle aufteilen, auf dem Backblech verteilen und etwas flach drücken. Mit den Schokostückchen dekorieren.

6 Die Schoko-Cookies ca. 12 Min. backen – dann sind sie innen noch weich. Für die »Papa-Variante«, also einer durchgängig gebackenen Konsistenz, benötigen sie 15–17 Min.

PRO COOKIE, CA. 30 G: 109 KCAL – 3 G PROTEIN – 9 G KOHLENHYDRATE (6 G ZUCKER, 2 G BALLASTSTOFFE) – 6 G FETT (4 G UNGESÄTTIGT)

HIMBEER-COOKIES
nur 4 Zutaten, weniger süß & gesünder

Die wohl einfachsten (und gesündesten) Kekse der Welt? Übertreiben wollen wir hier nicht, aber eigentlich ... kommt das schon hin. Das Ergebnis schmeckt nicht übermäßig süß – ich habe tatsächlich nur mit der Süße von reifen Bananen gearbeitet. Wer süßere Cookies bevorzugt, sollte definitiv noch Kokosblütenzucker oder Ähnliches unterrühren. Ansonsten sind die Himbeer-Cookies reich an gesunden Fettsäuren, absolut kein Cheat und halten superlange satt!

Ca. 10 Stück / Ca. 30 Min.

› 210 g gemahlene Nüsse
(z. B. Mandeln)
› 80 g reife Banane (geschält)
› 2 Prisen Salz
› Kokosblütenzucker nach Belieben
› 60 g Himbeeren
(frisch oder gefroren)

Tipp

* Je reifer die Banane, desto süßer die Kekse!

1 Den Backofen auf 180 Grad vorheizen und ein Backblech mit Backpapier auslegen.

2 Optional, wenn du keine gemahlenen Nüsse zur Hand hast: Die Nüsse im Mixer zu gemahlenen Nüssen verarbeiten. Ich habe Mandeln verwendet.

3 Die Banane mit einer Gabel zerdrücken. Das Bananenmus mit den gemahlenen Nüssen und dem Salz vermischen. Mit sauberen Händen funktioniert das super. Wer die Cookies süßer mag, sollte an dieser Stelle etwas Kokosblütenzucker dazugeben.

4 Die Hälfte der Himbeeren untermischen. Frische Himbeeren vorher waschen und trocken tupfen. Den Teig zu Keksen formen und auf das Backblech legen. Die restlichen Himbeeren oben andrücken.

5 Im vorgeheizten Backofen 15–20 Min. backen, bis die Ränder goldbraun sind.

PRO COOKIE, CA. 30 G: 141 KCAL – 5 G PROTEIN – 3 G KOHLENHYDRATE (2 G ZUCKER, 1 G BALLASTSTOFFE) – 12 G FETT (11 G UNGESÄTTIGT)

Muffins, Kekse & Kuchen

KOKOS-HAFER-MAKRONEN
nicht nur an Weihnachten

Kokosmakronen gehören zu den schnellsten und einfachsten Plätzchen der Weihnachtsbäckerei. Meine gesündere Variante sollte definitiv nicht nur im Dezember serviert werden, dafür sind sie einfach viel zu lecker. Dennis ist – ausnahmsweise ohne »aber« – ein riesiger Fan dieses Rezepts! Normalerweise werden sie im Verhältnis 1:1 von Kokosraspeln und weißem Zucker gebacken. In meinem Rezept ersetzen wir den Zucker durch Ahorn- oder Reissirup, reduzieren die Zuckermenge drastisch und fügen Haferflocken für ausbalancierte Nährwerte hinzu.

Ca. 12 Stück / Ca. 40 Min.

- *40 g Haferflocken*
- *60 g Kokosraspel*
- *60 g cremige Kokosmilch (ca. 60 % Kokosanteil)*
- *1 Prise Salz*
- *40 g Ahorn- oder Reissirup*

TOPPING:
- *40 g vegane Schokolade*

Info

* Das klassische Eiklar kommt nicht zum Einsatz, damit auch alle Veganer diesen kleinen Gaumenschmaus genießen können!

1 Den Backofen auf 160 Grad vorheizen. Ein Backblech mit Backpapier auslegen.

2 Die Haferflocken und Kokosraspel in einem Food Processor klein hacken. Kokosmilch, Salz und Ahorn- oder Reissirup dazugeben und erneut mixen, bis alles einheitlich aussieht. Von der Kokosmilch habe ich nur den cremigen Teil verwendet, der sich meist ganz oben absetzt.

3 Mit einem Löffel aus der Masse kleine Häufchen abstechen, auf das Blech setzen und 15–20 Min. backen, bis sie gebräunt sind. Auf einem Kuchengitter auskühlen lassen.

4 Inzwischen die Schokolade bei mittlerer Hitze in einem Topf schmelzen. Die gebackenen Makronen mit der flachen Bodenseite in die flüssige Schokolade tunken und kopfüber ruhen lassen, bis die Schokolade ausgehärtet ist. Optional: Wenn noch Schokolade übrig ist, kannst du sie erneut schmelzen und die Makronen damit verzieren.

PRO STÜCK, CA. 20 G: 83 KCAL – 1 G PROTEIN – 6 G KOHLENHYDRATE (3 G ZUCKER, 1 G BALLASTSTOFFE) – 6 G FETT (1 G UNGESÄTTIGT)

Muffins, Kekse & Kuchen

BANANEN-CREME-COOKIES
mit Schokoüberzug

Ein knuspriger Keks, gekrönt von Bananen-Karamell und dunkler Schokolade. Da die Cookies genauso gut schmecken, wie sie aussehen, muss ich dich nur von einer etwas aufwendigeren Zubereitung überzeugen. Danach hast du einen leckeren Keks, der auch nach 2 Tagen nicht zu trocken schmeckt!

Ca. 10 Stück / Ca. 70 Min.

CREME:
- 100 g reife Bananen (geschält)
- 1 EL Ahornsirup (ca. 15 g)
- 50 g cremige Kokosmilch (ca. 60 % Kokosanteil)
- 1 Prise Salz

BODEN:
- 60 g Buchweizenmehl
- 60 g gemahlene Nüsse
- 20 g Ahornsirup
- 20 g Kokosöl
- 1 Prise Salz

TOPPINGS:
- 50 g vegane Schokolade
- Kokosraspel oder Kakaonibs

Tipp
* An Tag zwei und drei schmecken mir die Kekse noch besser!

1 Den Backofen auf 160 Grad vorheizen. Ein Backblech mit Backpapier auslegen.

2 Alle Zutaten für die Creme in einen Food Processor oder Mixer geben. Bei der Kokosmilch habe ich nur den cremigen Teil genommen, der sich meist oben absetzt. Die Creme in einem Topf zum Kochen bringen und anschließend 15–20 Min simmern lassen. Danach die Creme zum Abkühlen in eine Schale füllen.

3 Alle Zutaten für den Boden zu einem Teig kneten. Kleine Bällchen formen, auf das Backblech setzen und zu flachen Cookies (jeweils ca. 20 g) drücken. Im Ofen ca. 15 Min. backen. Anschließend auf einem Gitter abkühlen lassen.

4 Die Bananen-Creme auf die Cookies löffeln, in eine Form legen und für 15 Min. in die Gefriertruhe stellen.

5 Die vegane Schokolade bei mittlerer Hitze in einem Topf schmelzen. Die Cookies hineintunken und nach Belieben mit Kokosraspeln oder Kakaonibs dekorieren. Zum Aushärten in den Kühlschrank stellen. Die Cookies können anschließend bei Raumtemperatur oder im Kühlschrank gelagert werden.

PRO COOKIE, CA. 40 G: 135 KCAL – 3 G PROTEIN – 11 G KOHLENHYDRATE (6 G ZUCKER, 2 G BALLASTSTOFFE) – 9 G FETT (4 G UNGESÄTTIGT)

ERDNUSS-COOKIES
mit Fake-Karamell

Dieses Rezept hat es in letzter Minute noch in mein Kochbuch geschafft. Die Cookies sind soo lecker, ich wollte sie euch nicht vorenthalten. Sie sind außen knusprig, innen weich. An manchen Stellen beißt man in Dattel-Karamell-Creme, an anderen auf knackige Nüsse. Bei diesen Keksen machst du am besten die Augen zu. Sie schmecken nämlich besser, als sie aussehen. Übrigens: Großes Aufatmen unter allen, die keine Bananen mögen – keine gelbe Frucht weit und breit.

Ca. 10 Stück / Ca. 30 Min.

- 80 g Haferflocken
- 100 g entsteinte Datteln
- 20 g Nüsse
- 50 g Erdnussmus
- 40 g Pflanzendrink
- 1 Prise Salz

Tipp

* Erdnussmus und Erdnüsse kannst du durch jede andere Sorte ersetzen. Für Menschen mit Nussallergien eignen sich häufig Sesam- oder Kokosmus und Sonnenblumenkerne.

PRO COOKIE, CA. 30 G:
114 KCAL – 3 G PROTEIN –
13 G KOHLENHYDRATE
(8 G ZUCKER, 2 G BALLAST-
STOFFE) – 5 G FETT
(4 G UNGESÄTTIGT)

1 Den Backofen auf 180 Grad vorheizen. Ein Backblech mit Backpapier auslegen. Die Hälfte der Haferflocken in einem Food Processor zu Hafermehl verarbeiten und zur Seite stellen.

2 Die Hälfte der Datteln in Stücke schneiden, die andere Hälfte im Food Processor zu einer Paste verarbeiten. Für dieses Rezept brauchst du weiche Datteln. Ganz weiche Datteln (»Hi« an alle Naturally-Pam-Käufer!) kannst du einfach zwischen den Fingern zerdrücken. Die Nüsse grob hacken. Ich habe thematisch passend zu Erdnüssen gegriffen, aber jede andere Sorte funktioniert genauso gut. Hauptsache, wir haben schlussendlich einen leckeren Crunch beim Kauen!

3 Dattelpaste, gehackte Nüsse und Hafermehl zusammen mit den übrigen Haferflocken, dem Erdnussmus, Pflanzendrink und dem Salz zu einem Teig kneten. Das kannst du mit der Hand machen oder kurz den Food Processor eine Runde drehen lassen. Anschließend die Dattelstücke unterrühren.

4 Aus dem Teig gleich große Kugeln (à ca. 30 g) formen, auf das Blech setzen und flach drücken. Im Backofen ca. 15 Min. backen. Anschließend auf einem Kuchengitter auskühlen lassen.

Muffins, Kekse & Kuchen ◆ 203 ◆

SCHOKO-TASSENKUCHEN
perfektes Dessert für eine Person

Dieser Schokokuchen ist perfekt, um deine Lust nach Kuchen zu stillen. Er wird in einer einzigen Tasse im Ofen gebacken und eignet sich deswegen perfekt für eine Person. Keine Rührmaschine, kein Eiklar steif schlagen, kein großer Aufwand. Die Zubereitung selbst bekommst du in 5 Min. hin! Ich habe mir die größte Mühe gegeben, keine Eier oder Nüsse zu benutzen, damit alle in den Genuss dieses Küchleins kommen können. Nur das mit dem glutenfreien Mehl wollte nicht hinhauen.

1 Stück / Ca. 20 Min.

- 10 g Kokosöl
- 5 g rohes Kakaopulver, stark entölt
- 30 g Dinkelvollkornmehl
- 1 Prise Salz
- 1–2 EL Kokosblütenzucker
- 1/3 TL Backpulver
- 30 g Pflanzendrink

TOPPINGS NACH BELIEBEN:
- vegane Schokostückchen
- Beeren

1 Den Backofen auf 170 Grad vorheizen. Eine ofenfeste Tasse oder eine kleine Backform mit etwas Kokosöl einfetten. Das restliche Kokosöl kommt kurz zum Schmelzen in den Ofen. Falls es ein Glasbehälter ist, kannst du das Glas einfach komplett reinstellen.

2 Alle trockenen Zutaten mischen. Wer seinen Kuchen gerne besonders süß mag, kann etwas mehr Kokosblütenzucker als angegeben hinzufügen. Das flüssige Kokosöl und den Pflanzendrink dazugeben und mit einem Löffel so lange rühren, bis der Teig homogen aussieht. Nicht überrühren!

3 Den Teig in die Tasse oder Backform einfüllen und nach Belieben mit Schokostückchen und Beeren toppen. Den Kuchen 12–15 Min. backen, dabei zwischendurch mit einem Zahnstocher oder Messer testen, ob er schon fertig gebacken ist.

PRO KUCHEN: 284 KCAL – 5 G PROTEIN – 35 G KOHLENHYDRATE (14 G ZUCKER, 4 G BALLASTSTOFFE) – 13 G FETT (3 G UNGESÄTTIGT)

Saftig-weiche
HIMBEER-BANANEN-BROWNIES

Ja, sie schmecken auch den zuckerverwöhnten Männern zu Hause. Diese Brownies gehören tatsächlich zu den etwas »ungesünderen« Rezepten meines Buchs. In anderen Kochbüchern würde es wohl trotzdem als »gesunde Brownies« betitelt werden, da ich nur natürliche und vollwertige Zutaten verwendet habe. Und wieso druckse ich jetzt so herum? Ein Brownie lebt einfach von einer Spur mehr Öl und (Kokosblüten-) Zucker als gewohnt, damit er so richtig saftig und reichhaltig schmeckt. Unterm Strich: Es ist kein Gemüse-Muffin, aber trotzdem meilenweit von einem normalen Brownie entfernt. Lass es dir schmecken!

Ca. 300 g bzw. 6 Stück / Ca. 50 Min.

- ▸ 100 g Haferflocken
- ▸ 80 g Himbeeren (frisch oder gefroren)
- ▸ 180 g Banane (geschält)
- ▸ 30–40 g Kokosblütenzucker
- ▸ 50 g Oliven- oder Kokosöl
- ▸ 25 g rohes Kakaopulver, stark entölt
- ▸ 1 1/2 TL Backpulver
- ▸ 2 Prisen Salz
- ▸ etwas Vanille (gemahlen)

* Sobald die flüssigen Zutaten auf die trockenen treffen, wird das Backpulver aktiviert und das Mehl verändert sich. Danach nur noch kurz rühren, damit der Teig nicht zu fest und klebrig wird.

1 Den Backofen auf 180 Grad vorheizen und eine eckige Backform mit Backpapier auslegen.

2 Die Haferflocken in einem Food Processor ganz fein zu Hafermehl verarbeiten. Die Himbeeren waschen und trocken tupfen oder gefrorene Himbeeren aus der Kühltruhe holen. Zwei Drittel der Banane mit einer Gabel zu Mus zerdrücken, den Rest in Scheiben schneiden. Die Scheiben und ein paar Himbeeren für das Topping beiseitelegen.

3 Bananenmus, Kokosblütenzucker und Öl mixen. Restliches Hafermehl, Kakao, Backpulver, Salz und Vanille mischen. Die flüssigen und trockenen Bestandteile vermengen und anschließend die Himbeeren vorsichtig unterrühren.

4 Die Masse in die Backform füllen. Mit den beiseitegelegten Himbeeren und den Bananenscheiben dekorieren. Im Ofen 30–40 Min. backen. Kürzer, wenn man es weicher mag – länger, wenn der Brownie mehr wie ein Kuchen sein soll. Den gebackenen Teig in Stücke schneiden.

PRO BROWNIE, CA. 50 G: 206 KCAL – 4 G PROTEIN – 23 G KOHLENHYDRATE (12 G ZUCKER, 2 G BALLASTSTOFFE) – 10 G FETT (8 G UNGESÄTTIGT)

SCHOKO-KIRSCH-MUFFINS
inspiriert von Mama

Meine liebsten Muffins aus der Kindheit! Mama hat zu Dennis und meinem Geburtstag immer Schoko-Kirsch-Muffins gebacken. Das Originalrezept ist das aber tatsächlich nicht. Um es »clean« und fitnesstauglich umzuwandeln, habe ich die Zuckermenge drastisch reduziert, Butter durch Kokosmilch und Kokosöl ersetzt und nicht ganz so viele Schokostückchen verwendet. Für alle Veganer habe ich auch das Ei weggelassen. Also, ich weiß ja nicht, ob Mama ihr Rezept noch wiedererkennt ...

Ca. 12 Stück / Ca. 40 Min.

- 120 g Buchweizenmehl
- 80 g Haferflocken
- 1 TL Salz
- 4 TL Ceylon-Zimtpulver
- 80 g Kokosraspel oder gehackte Nüsse
- 40–80 g Kokosblütenzucker
- 2 TL Backpulver
- 160 g cremige Kokosmilch (ca. 60 % Kokosanteil)
- 40 g Kokosöl
- 100 g Apfelmark oder zerdrückte Banane
- 2 EL Zitronensaft
- 400 g Sauerkirschen aus dem Glas
- 40 g vegane Schokostückchen
- etwas Zitronenabrieb (Bio-Qualität)

1 Den Backofen auf 160 Grad vorheizen.

2 Zuerst alle trockenen Zutaten in einer Schüssel vermengen: Buchweizenmehl, Haferflocken, Salz, Zimt, Kokosraspel oder gehackte Nüsse, Kokosblütenzucker und Backpulver. In Mamas Original waren es gehackte Haselnüsse. Mein zuckersensibler Gaumen fand es mit der niedrigeren Angabe an Kokosblütenzucker perfekt. Am besten klein anfangen, am Schluss den Teig probieren und, wenn nötig, nachsüßen.

3 Die flüssigen Zutaten in einer anderen Schüssel mischen: Kokosmilch, Kokosöl, Apfelmark oder zerdrückte Banane und Zitronensaft. Bei der Kokosmilch habe ich nur den cremigen Teil verwendet, der sich meist oben als separate Schicht absetzt.

4 Jetzt kommen beide Mischungen zusammen. Eine Rührmaschine brauchst du nicht, die Kraft deiner trainierten Arme und ein (Koch-)Löffel reichen völlig aus. Nicht zu lange rühren – nur so lange, bis alles einheitlich aussieht. ▶

5 Jetzt kommen die abgetropften Kirschen und die Schokostückchen ins Spiel! Von beiden Zutaten etwas für das Topping übrig lassen. Den Rest in den Teig geben und vorsichtig unterheben.

6 Den entscheidenden Unterschied macht der Zitronenabrieb. So – viel – Aroma! Dafür schnappen wir uns eine Küchenreibe und die Zitrone von vorhin. Eine Mengenangabe ist schwierig, am besten langsam herantasten. Ich bin ca. zehnmal mit etwas Druck über die Reibe gefahren.

7 Umrühren und probieren. Nach dem Backen ist der Geschmack übrigens dezenter.

8 Den Teig in Muffinförmchen geben, mit den restlichen Kirschen und Schokostückchen dekorieren und 20–30 Min. im Ofen backen. Meine Muffins sind nach exakt 28 Min. fertig!

PRO MUFFIN, CA. 60 G: 210 KCAL – 4 G PROTEIN – 21 G KOHLENHYDRATE (9 G ZUCKER, 3 G BALLASTSTOFFE) – 12 G FETT (5 G UNGESÄTTIGT)

Tipp

∗ Bitte eine Bio-Zitrone verwenden, da Schalen von Bio-Früchten nicht chemisch behandelt werden dürfen.

C. GERST

MAREN E.

LEONIE B.

YOU DESERVE THIS

MIN K.

LEA L. & GRETA K.

KIM S.

AH LIZ B.

SOPHIA P.

LAURA K.

LENE R.

ANNA T.

MARINA M.

NIE W.

MAREIKE G.

ALINA B. & JULIA G.

PAULINE H.

HEIDELBEER-MUFFINS
mit Cashews, ganz ohne Mehl

Wuuuunderbar fluffig und angenehm süß! An meinen Heidelbeer-Cashew-Muffins bin ich kurzzeitig verzweifelt, doch das Ergebnis kann sich schmecken lassen. Alle Muffins waren am gleichen Abend noch in den Bäuchen der Familie Reif! Unsere Grundlage sind hier gemixte Cashewnüsse, von richtigem Mehl ist keine Spur. So wird die Konsistenz schön saftig, ohne nass oder »teigig« zu sein.

Ca. 12 Stück / Ca. 20 Min.

- 240 g Cashewkerne
- 4 Eier (Gr. M)
- 1/2 TL Salz
- 120 g Banane (geschält)
- 20 g Kokosöl
- 20 g Kokosblütenzucker
- 2 TL Ceylon-Zimtpulver
- 180 g frische Heidelbeeren

* Statt Cashews kannst du auch Mandeln oder Haselnüsse verwenden!

PRO MUFFIN, CA. 50 G:
182 KCAL – 7 G PROTEIN – 12 G KOHLENHYDRATE (5 G ZUCKER, 2 G BALLASTSTOFFE) – 12 G FETT (8 G UNGESÄTTIGT)

1 Den Backofen auf 190 Grad vorheizen.

2 Die Cashewkerne in einem Food Processor oder Mixer zu feinem Cashewmehl mahlen. Die Eier trennen und das Eiklar mit 1 Prise Salz steif schlagen.

3 Die Banane mit Eigelb, Kokosöl, restlichem Salz, Kokosblütenzucker und Zimt mixen. Alles mit den gemahlenen Cashews verrühren.

4 Die Heidelbeeren putzen, waschen und trocken tupfen. Ein paar Heidelbeeren für das Topping beiseitelegen. Die restlichen Heidelbeeren mit dem Eischnee vorsichtig unter die Masse heben.

5 Den Teig auf eingefettete Muffin- oder Papierförmchen verteilen und mit den restlichen Heidelbeeren toppen.

6 Im Ofen 13–15 Min. backen. Mit einem Zahnstocher oder einem Messer die Garprobe machen: Bleibt etwas Teig daran kleben, einfach noch ein paar Minuten länger backen.

Muffins, Kekse & Kuchen

SÜSSKARTOFFEL-MUFFINS
ohne Mehl

Ganz klar in den Top 3 all meiner Muffin-Rezepte! Extrem saftig, luftig und lecker. Meine Familie ist großer Fan dieser Muffins und Dennis sind bald die Augen herausgefallen, als ich ihm erklärt habe, dass da kein Mehl drin ist. »Wieee, man muss doch in jeden Muffin Mehl machen? Das geht gar nicht anders.« – Doch! Da ich kein Mehl verwendet habe, trocknen sie praktisch nicht aus und schmecken auch am zweiten oder dritten Tag wie frisch gebacken ... wobei sie selten so lange überleben. PS: Niemand hat die Süßkartoffel bisher herausgeschmeckt, noch nicht einmal Papa.

Ca. 12 Stück / Ca. 35 Min.

- 150 g Süßkartoffel
- 240 g Bananen
- 4 Eier (Gr. M)
- 1/2 TL Salz
- 150 g gemahlene Mandeln
- 1–2 EL Kokosblütenzucker
- 1 TL Ceylon-Zimtpulver
- 1 TL Zitronensaft

Tipp

* Für cleane Muffins kannst du den Kokosblütenzucker weglassen! Er ist für die Konsistenz des Teigs nicht wichtig.

1 Den Backofen auf 170 Grad vorheizen. Die Süßkartoffel schälen und in einem Food Processor klein hacken oder auf einer Küchenreibe raspeln.

2 Die eine Hälfte der Bananen zerdrücken, die andere Hälfte in Scheiben schneiden. 12 Scheiben bis zum letzten Schritt für die Deko zur Seite legen. Die Eier trennen. Das Eiklar mit 1 Prise Salz zu steifem Eischnee schlagen.

3 Süßkartoffelraspel, Bananenmus, gemahlene Mandeln, Kokosblütenzucker, Zimt, Salz und Eigelb mischen. Zum Schluss den Eischnee und die Bananenscheiben vorsichtig unter die Teigmasse heben – aber nicht überrühren!

4 Den Teig in Muffinförmchen füllen und mit jeweils einer der zur Seite gelegten Bananenscheiben dekorieren. Mit etwas Zitronensaft bestreichen, damit die Scheiben beim Backen hell bleiben. Die Muffins ca. 20 Min. backen.

PRO MUFFIN, CA. 50 G: 116 KCAL – 8 G PROTEIN – 10 G KOHLENHYDRATE (6 G ZUCKER, 1 G BALLASTSTOFFE) – 4 G FETT (1 G UNGESÄTTIGT)

Muffins, Kekse & Kuchen

SCHOKO-FEIGEN-MUFFINS
nur mit der Süße von Früchten

Darf ich präsentieren: weniger süße Schoko-Muffins für jeden Tag. Nicht nur für die Cheat Days. Hier habe ich ein Rezept ganz ohne Kristallzucker oder Sirup entwickelt. Wir arbeiten ausschließlich mit frischen und getrockneten Früchten, also der natürlichsten Form von Süße. Je stärker Zucker verarbeitet wurde, desto weniger Vitamine, Mineralien oder Ballaststoffe hat er. Deshalb spricht man bei weißem Zucker auch von »leeren Kalorien«. Er kann also nichts, außer süß zu schmecken und ganz schön ungesund zu sein. Unsere Muffins können dagegen ganz schön viel.

Ca. 12 Stück / Ca. 35 Min.

- 3 Eier (Gr. M)
- 1/2 TL Salz
- 120 g getrocknete Feigen
- 240 g Bananen (geschält)
- 90 g ganze Mandeln
- 50 g Dinkelvollkornmehl
- 50 g gemahlene Mandeln
- 30 g rohes Kakaopulver, stark entölt
- 90 g Pflanzendrink
- 1 TL Zitronensaft

TOPPING:
- vegane Schokostückchen

Tipp

* Du kannst statt der getrockneten Feigen auch Datteln verwenden.

1 Den Backofen auf 170 Grad vorheizen.

2 Die Eier trennen und das Eiklar mit 1/4 TL Salz steif schlagen. Die Feigen klein schneiden und die ganzen Mandeln grob hacken. Ein paar davon für die Deko zur Seite legen.

3 Vollkornmehl, gemahlene Mandeln, Kakao, die Hälfte der Bananen, Pflanzendrink, Eigelb und restliches Salz in einem Food Processor zu einem homogenen Teig verarbeiten. Gehackte Mandeln und Feigen dazugeben und alles noch mal kurz mixen.

4 Die restliche Banane in Scheiben schneiden, davon 12 Scheiben für das Topping zur Seite legen. Die übrigen Bananenscheiben und den Eischnee vorsichtig unter den Teig heben. Die Masse in Muffinförmchen füllen und mit den Bananenscheiben, gehackten Mandeln und den Schokostückchen toppen. Die Bananenscheiben mit etwas Zitronensaft beträufeln, damit die Muffins nicht so schnell braun werden. Im Ofen ca. 20 Min. backen.

PRO MUFFIN, CA. 60 G: 152 KCAL – 7 G PROTEIN – 14 G KOHLENHYDRATE (9 G ZUCKER, 4 G BALLASTSTOFFE) – 7 G FETT (5 G UNGESÄTTIGT)

LILA CREME-KUCHEN
mit Heidelbeeren oder Açaí

*Na, hat dich der Kuchen auf meinem Buchcover neugierig gemacht? Eine herrliche Creme-Torte, mit einem Anflug von fruchtigem Käsekuchen. Als Dessert, Wohlfühl-Snack oder für Gäste: Der Creme-Kuchen ist immer ein Hit! Im Kühlschrank hält er sich gute 3 Tage, in der Gefriertruhe mehrere Wochen. Vor dem Verzehr mindestens 1 Stunde im Kühlschrank auftauen lassen.
PS: Lila Zungen sind vorprogrammiert!*

Ca. 12 Stück / Ca. 3 1/2 Std.

CREME:
- 120 g Cashewkerne
- 200 g Heidelbeeren oder Açaí-Püree (gefroren)
- 60 g Banane (geschält)
- 40 g veganer Frischkäse
- 60 g Zitronensaft
- 30 g Honig oder Ahornsirup
- 1 Prise Salz
- 80 g cremige Kokosmilch (ca. 60 % Kokosanteil)
- 60 g Kokosöl

BASIS:
- 100 g entsteinte Datteln
- 80 g Nüsse
- 50 g Haferflocken
- 1/3 TL Salz

TOPPINGS:
- 1 Handvoll Heidelbeeren
- Kokos-Chips

Tipp

* Du brauchst keinen ganzen Kuchen? Halbiere die Mengen und fülle alles in kleine Muffinförmchen ab – die Single-Haushalt-Variante!

1 Für die Creme die Cashewkerne für mindestens 30 Min. in heißes Wasser legen. Die Heidelbeeren bzw. das Açaí-Püree aus dem Gefrierschrank holen und auftauen lassen.

2 Für die Basis die Datteln in einem Food Processor oder Mixer zu Dattelpaste verarbeiten. Die restlichen Zutaten der Basis dazugeben, zu einer nahezu glatten Paste mixen und auf den Boden einer Spring- oder Kuchenform drücken. Meine Form hatte einen Durchmesser von ca. 22 cm. Kühl stellen.

3 Die Cashewkerne abgießen. Mit Banane, Frischkäse, Zitronensaft, Honig oder Ahornsirup, Salz und dem cremigen Teil der Kokosmilch, der sich oben am Rand absetzt, im Food Processor verarbeiten. So lange mixen, bis wirklich gar keine Stückchen mehr übrig sind! Das kann ein paar Minuten dauern.

4 Das Kokosöl in einem Topf erhitzen. Zusammen mit den Heidelbeeren oder dem Açaí-Püree in den Food Processor dazugeben und wieder gründlich mixen. Tendenziell: Je länger, desto besser. Falls deine Beeren noch zu gefroren waren, wird deine Creme jetzt flockig aussehen. In diesem Fall die komplette Creme für ein paar Sekunden in einem Topf erhitzen – dann ist das Problem schon gelöst!

5 Die Creme in deine Kuchenform auf die Basis gießen, mit Beeren und Kokos-Chips dekorieren und für mindestens 2 Std. – gerne auch länger – in die Gefriertruhe stellen. Anschließend den Kuchen aus der Form lösen, auf einen Teller setzen und im Kühlschrank lagern. Dort taut er langsam auf und schmeckt am zweiten und dritten Tag sogar noch besser! Die Konsistenz wird immer fester. Falls du nicht warten willst, kannst du ihn auch angefroren als Eiscreme-Torte essen.

PRO STÜCK: 232 KCAL – 5 G PROTEIN – 17 G KOHLENHYDRATE (9 G ZUCKER, 3 G BALLASTSTOFFE) – 16 G FETT (4 G UNGESÄTTIGT)

ZUTATEN-REGISTER

A
Açaí 41, 42, 77, 219
Apfel 93, 141, 189
Apfelmark 50, 79, 189, 209
Aprikosen (getrocknet) 22, 46, 109

B
Banane 50, 69, 79, 85, 95, 97, 105, 107, 113, 117, 135, 139, 143, 191, 197, 201, 207, 209, 213, 215, 217, 219
Brokkoli 41, 147
Buchweizen 27, 28, 77, 113
Buchweizenmehl 135, 143, 187, 195, 201, 209

C
Cashewkerne 32, 34, 69, 107, 133, 165, 179, 186, 189, 213, 219
Chiasamen 37, 41, 50, 77, 169, 189

D
Dattel 22, 41, 46, 61, 63, 73, 75, 77, 101, 103, 107, 111, 115, 119, 125, 137, 139, 195, 203, 219
Dinkelvollkornmehl 26, 27, 31, 135, 143, 149, 205, 217

E
Ei 47, 50, 147, 151, 155, 167, 186, 213, 215, 217
Erdbeeren 83, 87, 95
Erdnüsse 32, 103, 119, 203

F
Feige (getrocknet) 107, 217
Frischkäse (vegan) 89, 127, 137, 181, 219

H
Haferflocken 27, 30, 41, 61, 67, 69, 71, 73, 75, 77, 79, 105, 107, 113, 115, 117, 119, 125, 147, 151, 171, 175, 177, 187, 189, 191, 199, 203, 207, 209, 219
Haselnüsse 32, 33, 34, 133, 165, 186, 195, 209
Heidelbeeren 41, 91, 95, 105, 135, 213, 219
Himbeeren 63, 73, 85, 91, 107, 125, 197, 207

J
Joghurt (pflanzlich) 50, 89, 91, 93, 97

K
Kakaonibs 42, 79, 115, 201
Kakaopulver 41, 61, 63, 85, 111, 129, 135, 139, 195, 205, 207, 217
Karotte 71, 147, 149, 161, 183
Kichererbsen 50, 151, 157
Kokosmilch 65, 67, 85, 87, 89, 199, 201, 209, 219
Kokosraspel 58, 63, 65, 69, 71, 73, 75, 77, 79, 85, 107, 109, 111, 119, 125, 191, 199, 201, 209
Kürbiskerne 33, 34, 75, 149, 155, 169, 171

L
Leinsamen 33, 37, 41, 50, 77, 169, 189

M
Mandeln 32, 33, 34, 71, 97, 101, 107, 133, 135, 155, 165, 173, 186, 197, 215, 217
Mandelmehl 34, 113, 115, 187, 195

N
Nussmus 46, 61, 67, 69, 71, 75, 85, 101, 103, 105, 111, 113, 115, 117, 119, 121, 125, 131, 137, 139, 141, 143, 163, 183, 195, 203

O
Oliven 171, 181
Orange 95, 109, 115, 137

P
Pistazien 137, 167
Pflanzendrink 50, 61, 75, 117, 135, 149, 179, 195, 203, 205, 217

R
Reis (gepufft) 31, 121, 155
Rosinen 22, 79, 113, 163

S
Schokolade 50, 113, 117, 119, 121, 125, 127, 129, 199, 201
Schokostückchen 67, 79, 85, 101, 105, 111, 131, 137, 191, 195, 205, 209, 217
Sesamsaat 37, 167, 169
Sonnenblumenkerne 33, 37, 149, 155, 169, 171, 177
Süßkartoffeln 161, 215

T
Tomaten 151, 179

W
Walnüsse 32, 33, 34, 41, 77, 137, 165

Z
Zitrone 77, 83, 93, 97, 147, 149, 183, 209, 215, 217, 219
Zucchini 147, 149, 151, 161

DISCLAIMER

Alle Angaben in diesem Buch wurden von Autorin und Verlag nach aktuellem Wissensstand sorgfältig erarbeitet und geprüft. Dennoch erfolgen alle Angaben ohne Gewähr. Die in diesem Buch enthaltenen Informationen sind weder völlig umfassend noch verbindlich. Autorin und Verlag haften nicht für eventuelle Nachteile und Schäden, die aus den im Buch gemachten praktischen Hinweisen und dem Genuss genannter Nahrungsmittel resultieren. Die in diesem Werk enthaltenen Ratschläge ersetzen nicht die Untersuchung und Betreuung durch einen Arzt.

IMPRESSUM

YOU DESERVE THIS

Snack-Kochbuch. Einfache & natürliche Rezepte für einen gesunden Lebensstil.

1. Auflage

© 2021 Community Editions GmbH
Weyerstraße 88–90
50676 Köln

Alle Rechte der Verbreitung, auch durch Film, Funk, Fernsehen, fotomechanische Wiedergabe, Tonträger aller Art, auszugsweisen Nachdruck oder Einspeicherung und Rückgewinnung in Datenverarbeitungsanlagen aller Art, sind vorbehalten.
Die Inhalte dieses Buches sind von Autorin und Verlag sorgfältig erwogen und geprüft, dennoch kann eine Garantie nicht übernommen werden. Eine Haftung von Autorin und Verlag für Personen-, Sach- und Vermögensschäden ist ausgeschlossen.

Text: Pamela Reif
Foodstyling: Pamela Reif
Layout & Design & Satz: BUCH & DESIGN Vanessa Weuffel
Lektorat: Ulrike Zielke
Projektleitung: Sarah Völker

Bildnachweis:
© Anna Heupel: Cover-Vorderseite, Vorsatz, Seiten 2, 4, 6 (M.), 15, 57, 99, 145 | © Dennis Reif: S. 222 | © Pamela Reif: Cover-Rückseite (u.), Seiten 6 (o., u.), 16, 47, 81, 185, 60–96, 100–142, 146–185, 188–190, 194–208, 212–218, 224

Via stock.adobe.com – © Africa Studio: S. 23 (u. r.) | © boonsom: S. 35 (M. l.) | © Diana Taliun: S. 31 (M. o.) | © dule964: S. 24 (u.), S. 36 (o. l., u. r.), S. 40 (Körner l.) | © Edward Westmacott: S. 23 (M. l.) | © emuck: S. 42 (M. l.) | © fascinadora: S. 33, S. 46 | © gitusik: S. 23 (o.), S. 41 | © Gresei: S. 30 (o. l.) | © grey: S. 35 (M. u.) | © katrinshine: S. 28–29 | © kolesnikovserg: S. 30 (o. r.), S. 42 (M. o.) | © laplateresca: S. 18–19 | © Maglido-Photography: S. 35 (o. r, M..) | © manuta: S. 23 (u. l.) | © Mara Zemgaliete: S. 36 (u. l.) | © Markus Mainka: S. 35 (o. l., u. r.) | © M. Schuppich: S. 40 (u.) | © Natasha Breen: S. 10 (Ecke o. l.) | © New Africa: S. 24 (o.), S. 42 (l. u.), S. 52 | © Peter Hermes Furian: S. 40 (Bowl l.) | © Picture Partners: S. 31 (u.) | © PINKASEVICH: S. 55 | © Prostock-studio: S. 25 (o. l.) | © rangizzz: S. 186–187, S. 223 | © svetlana_cherruty: S. 36 (M.) | © todja: S. 36 (o.) | © vaaseenaa: S. 43 | © vesta48: S. 40 (o.) | © Vika: S. 23 (M. r.) | © Wolfgang/MEDIArt: S. 25 (u. r.) | © womue: S. 10 (o. l.), S. 26, S. 44, S. 58–59 | © Worawut: S. 23 (o. l.) | © xamtiw: S. 30 (u.), S. 34 (u.)

Via Creative Market – © Anja Kaiser: S. 10 (M.) | © Salt Color Studio: S. 10 (u., u. l., o. r.), S. 22, S. 25 (u. l., o. r.), S. 30 (u.), S. 31 (o. r.), S. 35 (u. l., Teller u. r.), S. 37, S. 42 (o. l., u. r.) | © h3design: S. 10 (u. r.)

o.= oben, M.= Mitte, u.= unten, l.= links, r.= rechts

Gesetzt aus der *Bodoni* © Dmitry Kirsanov, *DIN* © Albert-Jan Pool, *Didot* © Adrian Frutiger und Firmin Didot, *Fedra* © Peter Biľak, *Golden Plains* © BLKBK Fonts und der *Weiss* © Emil Rudolf Weiß.

Die Einschweißfolie trägt das Zertifikat »OK compost HOME«.

Der in diesem Buch abgedruckte Code, mit Hilfe derer Sie in der Pam-App auf die in diesem Buch abgedruckten Rezepte zugreifen können, wurden nicht von CE Community Editions GmbH erstellt. CE Community Editions GmbH übernimmt weder eine Haftung für die Funktionsfähigkeit des Codes noch für die Inhalte der Pam-App. Die Nutzung erfolgt auf eigenes Risiko. Schadensersatzansprüche im Zusammenhang mit der Nutzung der Codes sind ausdrücklich ausgeschlossen.

Gesamtherstellung: Community Editions GmbH

978-3-96096-189-5

Printed in Italy

www.community-editions.de

ÜBER PAMELA REIF

Pamela Reif gehört zu den einflussreichsten Fitness- und Lifestyle-Vorbildern in Deutschland. Mit 16 Jahren fand Pamela ihre große Leidenschaft im Kraftsport. Parallel dazu entdeckte sie die Liebe zur Fotografie und teilte auf der Plattform Instagram ihre ersten Fotos. Aus privaten Schnappschüssen wurden schnell Fotos rund um Fitness, Ernährung und Reisen. Auf ihrem Instagram-Profil *pamela_rf* und YouTube-Account *Pamela Rf* erreicht sie mittlerweile eine Community von über 15 Millionen Menschen, die täglich ihrem Leben und ihrer Begeisterung für Fitness folgen. Daneben teilt Pam auf ihrem zweiten Account *pamgoesnuts* ihr Wissen zum Thema gesunde, natürliche Ernährung und ihre liebsten Rezepte.

BEREITS ERSCHIENEN:

PAMELA REIF
Strong & Beautiful
224 Seiten, Hardcover
ISBN 978-3-96096-001-0

PAMELA REIF
You Deserve This. Bowl-Kochbuch.
224 Seiten, Hardcover
ISBN 978-3-96096-074-4

Hol dir jetzt gratis alle Rezepte aus dem
Buch *in die Pam-App!*

Gib dafür den nachfolgenden *Code* in die App ein,
um die Rezepte *freizuschalten*.

PAM-RRGZ-8YKW-G9MZ